CYCLE 3

Réussir son entrée au collège

Ginette Grandcoin-Joly
Directrice d'école d'application

Catherine Ruchmann
Conseillère pédagogique

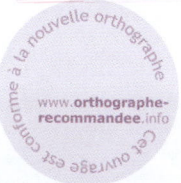

Présentation

Ce cahier donnera à votre enfant qui s'apprête à entrer en 6ᵉ les **méthodes de travail** les plus efficaces, à appliquer dans toutes les matières du programme. Il peut être utilisé dès la fin du **CM2** et durant toute l'année de **6ᵉ**.

De bonnes méthodes de travail sont nécessaires à votre futur collégien pour fixer plus facilement et durablement ses **apprentissages** mais aussi pour renforcer son **autonomie**, indispensable notamment dans l'organisation de son emploi du temps ou de ses devoirs.

CONSEILS PARENTS
Proposez à votre enfant de résoudre des énigmes, des sudokus adaptés à son âge.

■ Chaque chapitre, sur quatre pages, aborde un point de méthode à acquérir ou à approfondir en 6ᵉ. Pour commencer, un encadré de méthode générale expose clairement ce que votre enfant **sait déjà faire** et ce qu'il **devra faire en 6ᵉ**. Un CONSEIL PARENTS vous donnera également une information pour vous aider à accompagner votre enfant dans l'acquisition de ces méthodes de travail : cela peut être un conseil pratique ou des exemples à prendre dans la vie quotidienne…

■ Puis des **exercices**, avec de nombreux conseils méthodiques, permettront à votre enfant d'appliquer ces points de méthode à toutes les matières du programme, symbolisées par des couleurs et des petites chouettes différentes pour un repérage immédiat.

Français	Maths	Géométrie	Histoire Géographie	Sciences Arts visuels	Anglais

■ Certains chapitres se terminent par un encadré qui propose un exercice plus ludique.

■ À la fin de l'ouvrage, un **mémo** complet permet de récapituler quelques connaissances fondamentales.

■ Enfin, des **corrigés** détaillés autorisent un travail autonome et une vérification de tous les exercices.

■ Dans ce cahier, certains mots sont écrits selon les prérogatives du Ministère de l'Éducation nationale, recommandant d'appliquer la nouvelle orthographe. Par exemple, le mot « goûter » devra dorénavant s'écrire « gouter », ou encore le mot composé « des après-midi » s'écrira « des après-midis ».

© Hatier, 8 rue d'Assas, 75006 Paris – 2016 – ISBN : 978-2-218-99587-3
Conception graphique : Frédéric Jély • Édition : Imaginemos • Mise en page : Nadine Aymard
• Illustrations : Karen Laborie • Chouettes : Adrien Siroy.

Toute représentation, traduction, adaptation ou reproduction même partielle, par tous procédés, en tous pays, faite sans autorisation préalable est illicite et exposerait le contrevenant à des poursuites judiciaires. Réf. : loi du 11 mars 1957, alinéas 2 et 3 de l'article 41.
Une représentation ou reproduction sans autorisation de l'éditeur ou du Centre français d'exploitation du droit de copie (20, rue des Grands-Augustins, 75006 Paris) constituerait une contrefaçon sanctionnée par les articles 425 et suivants du Code pénal.

Sommaire

Reporte la date à laquelle tu as fini chaque chapitre pour visualiser facilement ta progression tout au long de l'année.

	MÉTHODE		Français	Maths Géométrie Logique	Histoire Géographie	Anglais Sciences Arts visuels	DATE
1	**Utiliser des outils** S'organiser – Maitriser des instruments de travail – Devenir autonome dans son travail.	p. 4	●	●			....
2	**Apprendre et mémoriser** Faire travailler sa mémoire – Acquérir des méthodes d'apprentissage.	p. 8	●	●	●		....
3	**Comprendre des langages** Comprendre des signes, des symboles, des langages spécifiques, des consignes.	p. 12	●	●	●		....
4	**Améliorer son langage** Diversifier son vocabulaire – Transposer un texte dans un autre registre de langue.	p. 16	●			●	....
5	**Recopier et écrire** Savoir copier et écrire sans faire de fautes.	p. 20	●	●	●	●	....
6	**Produire un texte** Écrire un texte à partir d'un modèle, en respectant des contraintes – Préparer et écrire un exposé – Savoir améliorer son texte.	p. 24	●		●	●	....
7	**Se repérer dans l'espace et le temps** Mesures de durées et d'aires – Se repérer sur une carte – Se repérer dans un texte.	p. 28	●	●	●		....
8	**Lire (1)** Lire un texte documentaire, un tableau à double entrée, une affiche, un schéma.	p. 32	●			●	....
9	**Lire (2)** Décrire un tableau – Lire un schéma, un graphique, un histogramme, un « camembert ».	p. 36		●		●	....
10	**Classer – Comparer – Catégoriser** Trier des nombres, des formes géométriques, des informations – Classer des mots.	p. 40	●	●		● ●	....
11	**Transformer** Changer d'échelle sur une carte – Transformer des phrases et un texte – Décomposer des nombres.	p. 44	●	●	●		....
12	**Agrandir – Réduire** Enrichir ou réduire des phrases – Résumer un texte – Réduire des figures géométriques.	p. 48	●	●			....
13	**Raisonner** Résoudre des problèmes – Reconstituer un texte.	p. 52	●	●			....
14	**Présenter son travail et se corriger** Faire une dictée – Soigner et bien présenter son travail – Bien se relire pour se corriger.	p. 56	●	●			....

Mémo Chouette ...... p. 60

Corrigés .... p. 65

*+ des **exercices** et des **jeux** interactifs pour progresser en s'amusant sur www.hatier-entrainement.com*

1 Utiliser des outils

CE QUE TU SAIS DÉJÀ
- gérer ton emploi du temps et ton cartable ;
- emporter le matériel nécessaire pour les cours ou pour tes devoirs.

EN 6ᵉ, TU DEVRAS
- gérer seul(e) ton emploi du temps, prévoir le matériel nécessaire chaque jour sans te charger inutilement ;
- t'organiser pour gérer ton temps et tes devoirs, t'avancer dans ton travail les jours les moins chargés.

CONSEILS PARENTS

Proposez à votre enfant d'afficher son emploi du temps et aidez-le, dans un premier temps, à gérer son cartable en conséquence. Par la suite, laissez-le devenir autonome, en vous réservant la possibilité de vérifier avec lui de temps à autre !

S'ORGANISER

1 Apprends à lire et à bien utiliser ton emploi du temps.

MÉTHODE
- Un emploi du temps indique les différents cours et leurs horaires. Il permet de s'organiser pour s'avancer dans son travail et pour apporter le matériel nécessaire à chaque cours (livres, cahiers, classeurs, tenue de sport…).
- Lis attentivement cet emploi du temps qui pourrait être le tien en 6ᵉ.

	lundi	mardi	mercredi	jeudi	vendredi
8 h 30/9 h 30	Vie de classe	Technologie	Mathématiques	Histoire/Géographie	
9 h 30/10 h 30	Arts plastiques		Éducation musicale	EPS	Mathématiques
10 h 30/11 h 30	Module de maths ou de français	Anglais	Anglais		Anglais
11 h 30/12 h 30		Histoire/Géographie	Histoire/Géographie		
12 h 30/13 h 30	Français			Français	SVT
13 h 30/14 h 30		Mathématiques			
14 h 30/15 h 30	Anglais	EPS		Anglais	Mathématiques
15 h 30/16 h 30	Études dirigées			Études dirigées	Études dirigées
16 h 30/17 h 30		Français			

a) Colorie cet emploi du temps en choisissant une couleur différente par matière.

b) D'après cet emploi du temps, quelle est la matière que tu dois travailler tous les jours ?

....

Pourquoi ? ....

4

c) Quels jours peux-tu te faire aider dans ton travail au collège ? ....

d) Quels jours dois-tu penser à apporter une tenue de sport ? ....

e) Pour gérer ton travail efficacement, que convient-il de faire dans les situations proposées ci-dessous ?

A. Lorsque tu commences plus tard le matin.	1. Te lever un peu plus tard et faire un tour de vélo.
	2. Te lever un peu plus tard et réviser tes leçons pour la journée à venir.
B. Lorsque tu sors tôt le soir.	1. Te détendre et t'avancer dans ton travail.
	2. Aller gouter et jouer chez un ami.
	3. En profiter pour regarder tranquillement la télévision.
C. Lorsque tu as une heure de trou dans la journée.	1. Aller en permanence et réviser ou t'avancer dans ton travail.
	2. Faire l'aller-retour chez toi.
	3. Discuter avec tes amis dans un coin de la cour.

2 Apprends à bien gérer ton cartable.

> **MÉTHODE**
> - Prépare ton cartable la veille au soir quand tu commences tôt le matin.
> - Emporte chaque jour ton agenda au collège.
> - Pour ne rien oublier, consulte ton agenda et ton emploi du temps en faisant ton cartable.
> - Si en début d'année c'est difficile pour toi, demande à tes parents de t'aider.

Voici un cartable préparé pour la journée du jeudi. Consulte l'emploi du temps de la p. 4 puis ajoute ce qui manque et barre ce qui est inutile.

Livre et cahier de mathématiques

Classeur de français

Tenue de sport

Classeur d'histoire/géographie

Cahier d'anglais et livre d'exercices

 **Français**

MÉTHODE
- Pour chercher un mot dans un dictionnaire, sers-toi de l'ordre alphabétique car c'est ainsi que les mots y sont rangés, ceci t'évite de tourner les pages une à une.
- Réfère-toi aussi aux mots écrits en haut de chaque page : à gauche le premier mot de la page, et à droite le dernier mot de la page. Cela te permet de chercher vite sans lire tous les mots de la page.
- Les différents sens d'un mot sont numérotés.

3 Trouve les renseignements suivants dans ton dictionnaire.

a) Quelle est la bonne orthographe du mot suivant ?

caléidoscope ❏   calléidoscope ❏
kaléidoscope ❏   chaléidoscope ❏

b) Quelle est l'origine du mot *collège* ?

vient du grec ❏   vient de l'arabe ❏
vient du latin ❏   vient du sanscrit ❏

c) Quelle est la prononciation du mot *scénario* ?

[senarjo] ❏   [cénario] ❏
[sennarllo] ❏   [skenarjo] ❏

d) Quelle est la nature du mot *excentricité* ?

adjectif ❏   verbe ❏
nom ❏   adverbe ❏

e) Quel est le genre du mot *interligne* ?

masculin ❏   féminin ❏

f) Donne deux sens du mot *parade*.

....

....

g) Trouve trois synonymes du mot *juste*.

....

> Le dictionnaire renseigne sur :
> - l'orthographe des mots ;
> - leur origine ;
> - leur prononciation indiquée entre crochets en Alphabet Phonétique International ;
> - leur nature, indiquée par des abréviations (n : nom / adj : adjectif / v : verbe…) ;
> - leur genre et leur nombre indiqués par des abréviations (m : masculin / f : féminin / pl : pluriel…) ;
> - leurs sens ;
> - leurs synonymes ;
> - les expressions qui les contiennent.

4 Associe chaque expression contenant le mot **feu** à son explication.

J'en mettrais ma main au feu. •   • Je jurerais, j'en suis sûr.

Il n'y a pas le feu. •   • Ne pas durer longtemps.

Mettre un pays à feu et à sang. •   • Ravager, saccager.

Jouer avec le feu. •   • Jouer avec le danger.

Ne pas faire long feu. •   • Soyez patient.

Géométrie

MÉTHODE
- Prépare ton matériel avant de commencer les tracés.
- Travaille avec un crayon à papier bien taillé et une gomme.
- Sois très précis(e).
- Utilise les instruments adéquats (équerre, compas, double-décimètre).

5 Observe les deux figures ci-dessous et réponds aux questions.

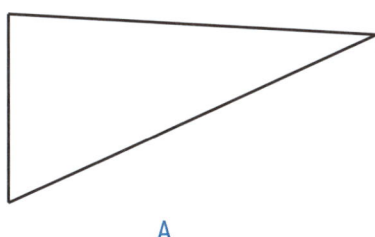 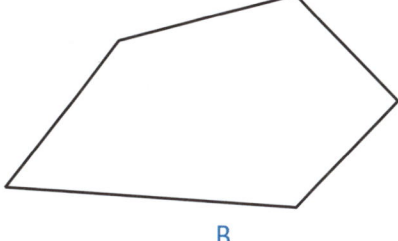

A   B

a) À ton avis, ces figures ont-elles un ou des angles droits ?

A. oui   non   B. oui   non

b) Vérifie avec ton équerre.

c) À ton avis, laquelle de ces deux figures a le plus long périmètre ?

....

d) Vérifie en reportant la longueur de chaque côté sur ces règles avec ton compas.

Figure A

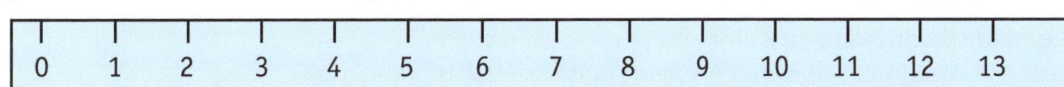

Figure B

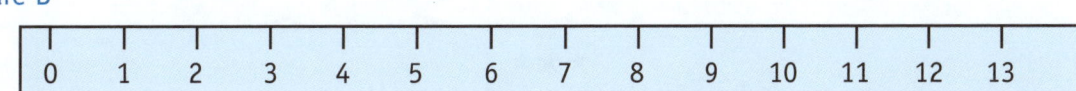

e) Que constates-tu ? ....

....

6 Sur une feuille, trace deux quadrilatères différents dont le périmètre sera égal à la somme du périmètre de la figure A et du périmètre de la figure B, et avec le même nombre d'angles droits que ceux des figures A et B.

Avant de commencer, reprécise la somme du périmètre de A et de B :

....

Combien d'angle(s) droit(s) totalisent les figures A et B ?

....

2 Apprendre et mémoriser

CE QUE TU SAIS DÉJÀ
- apprendre tes leçons régulièrement et en avance pour pouvoir les réviser avant un contrôle ;
- tenir un cahier de texte clairement et efficacement ;
- acquérir des méthodes de travail.

EN 6ᵉ, TU DEVRAS
- organiser ton travail afin de ne pas être débordé(e) les jours plus chargés que d'autres ;
- t'approprier de façon durable et permanente les apprentissages de base ;
- réinvestir et consolider des méthodes de travail plus personnelles.

CONSEILS PARENTS
En accord avec votre enfant, exposez les tables de multiplication sur le sous-main de son bureau pour que la consultation en devienne automatique.

Histoire

1 **EXERCICE GUIDÉ**
Lis attentivement le texte puis réponds aux questions.

MÉTHODE
- Un résumé est élaboré en classe, après le cours, donc tu as déjà des connaissances.
- Sur un cahier de brouillon, note les points importants dont tu te souviens.
- Relis le résumé. Qu'avais-tu oublié ?
- Mémorise le résumé ci-dessous en t'aidant des questions de la p. 9.
- N'apprends jamais ta leçon au dernier moment !
- Avant un contrôle, révise le cours et le résumé.

★★★
La révolution industrielle

Au XIXᵉ siècle, grâce à l'énergie du charbon, la machine à vapeur permet le développement industriel. Les usines se multiplient et on fabrique des marchandises en grande quantité à prix réduit. Aidés par les banques, les industriels mettent des capitaux en commun (c'est le capitalisme) pour construire des usines et des machines.

Les artisans ne peuvent pas résister à la production des usines modernes et deviennent ouvriers. Ils travaillent dans des conditions très dures (travail à la chaine) et se regroupent en syndicats pour défendre leurs intérêts.

Les paysans, trop nombreux, partent vers les villes : c'est l'exode rural. Les villes s'agrandissent à la périphérie : les industriels y installent des usines et l'on y construit des logements à bas prix.

La machine à vapeur permet de développer de nouveaux moyens de transport comme le train, les navires. Vers 1880, des ingénieurs inventent le moteur à explosion qui entrainera ensuite la mise au point de l'automobile.

Les chercheurs ont réalisé d'importants progrès : le courant électrique, les vaccins (Pasteur et le vaccin contre la rage), la découverte du radium (Pierre et Marie Curie) ainsi que la photographie, le phonographe, le télégraphe et le téléphone.

★★★

a) Dans ce résumé, il y a cinq paragraphes. Associe chacun des titres ci-dessous avec un paragraphe : 1, 2, 3, 4, 5.

Les progrès techniques : ☐   L'exode rural : ☐

Les grandes découvertes : ☐   La classe ouvrière : ☐

La naissance du capitalisme : ☐

b) Souligne les mots importants et vérifie que tu en connais le sens.

c) Invente cinq questions et réponds-y oralement puis vérifie tes réponses en relisant le résumé.

Français

2 **Apprends la poésie suivante puis réponds aux questions.**

> **MÉTHODE**
> - Lis le texte à haute voix.
> - Repère le rythme comme s'il s'agissait d'une chanson.
> - Quelles images évoque ce texte pour toi ?
> - Repère les mots qui riment, les mots étranges, les mots inconnus.

★★★

Il pleut

Il pleut sur la bergère
il pleut sur les moutons
j'entends la locotière
et j'entends les wagons

dans le fond du vallon
tout juste une prairie
j'aperçois un wagon
une locomotrie

il pleut sur la bergère
il pleut sur les wagons
c'est le progrès sorcière
la civilisation

Raymond Queneau, « Il pleut » in *L'Instant fatal*,
© Éditions Gallimard (1948).

★★★

a) Redis le texte.

b) Repère la structure, la composition du texte :
colorie de la même couleur les vers qui commencent de la même façon.
Colorie avec une autre couleur les rimes identiques.

c) Souligne les mots que tu ne connais pas.
Sont-ils dans le dictionnaire ?

d) Répète les phrases ou groupes de phrases que tu as mémorisés.

e) Vérifie avec le texte que tu as mémorisé toute la poésie.

f) Tu peux maintenant créer un poème en respectant les contraintes données dans la 1re colonne. Puis tu peux en inventer un autre avec la même structure dans la 2e colonne.

Il pleut sur la .... (rime 1)	Il neige ....
il pleut sur les .... (rime 2)	....
j'entends la .... (rime 1)	....
et j'entends les .... (rime 2)	....
dans .... (rime 2)	....
tout .... (rime 3)	....
je .... (rime 2)	....
une .... (rime 3)	....
il .... (rime 1)	....
il .... (rime 2)	....
c'est .... (rime 1)	....
la .... (rime 2)	....

Maths

3 Apprends les tables de multiplication de 1 à 9.

MÉTHODE
- Apprendre les tables de multiplication demande peu d'efforts si tu les mémorises comme une chanson.
- Révise-les souvent pour t'assurer qu'elles sont toujours disponibles dans ta tête.
- Les savoir par cœur te permettra de compter plus vite et te facilitera d'autant plus les résolutions de problèmes.

- Tout nombre multiplié par 0 égale 0.
- Pour apprendre une table de multiplication, on dit par exemple 2 **fois** 2 ; 4 **fois** 7 ; 9 **fois** 10…
- Multiplier par 1 ne modifie rien.
Exemple : 2 fois 1 = 2.
- Multiplier par 10 est simple. C'est placer un 0 à la droite du nombre que l'on multiplie.
Exemple : 2 fois 10 = 20, 3 fois 10 = 30…
- Tu peux compter sur tes doigts pour ne pas perdre l'ordre de la récitation de la table :
Exemple : 3 fois **1**, 3 fois **2**, 3 fois **3**…

a) Complète le tableau pour apprendre tes tables de multiplications de 2 à 5.

MÉTHODE
- Observe : réciter la table de 2 revient à compter de 2 en 2 : 2, 4, 6, 8…
- Réciter la table de 5 revient à compter de 5 en 5 : 5, 10, 15, 20…
- Apprends les tables dans l'ordre croissant.
- Récite-les comme une chanson ou bien écris-les.
- Si tu butes en cours de récitation, recommence depuis le début.

2 fois 1 **2**	3 fois 1 **3**	4 fois 1 **4**	5 fois 1 **5**
2 fois 2 **4**	....	....	....
2 fois 3 **6**	....	....	....
2 fois 4 **8**	....	....	....
....	....	....	....
....	....	....	....
....	....	....	....
....	....	....	....
....	....	....	....
....	....	....	....

b) Complète le tableau pour apprendre tes tables de multiplication de 6 à 9.

MÉTHODE
- Souviens-toi : 3 × 7 = 7 × 3 = 21
  5 × 6 = 6 × 5 = 30
  9 × 8 = 8 × 9 = 72
- Dans les tables de 6, 7, 8 et 9, colorie ce que tu sais déjà.
- Retiens aussi tous les « doubles ».
  Exemple : 6 × 6, 7 × 7, 8 × 8, 9 × 9...

6 fois 1 **6**	7 fois 1 **7**	8 fois 1 **8**	9 fois 1 **9**
6 fois 2 **12**	....	....	....
6 fois 3 **18**	....	....	....
....	....	....	....
....	....	....	....
....	....	....	....
....	....	....	....
....	....	....	....
....	....	....	....
....	....	....	....

c) Voici les résultats de trois tables de multiplication. Trouve de quelles tables il s'agit et écris les résultats manquants.

Table de : ....

18
27
36
45
54
63
72
81
90

Table de : ....

36
42
48
54

Table de : ....

24
32
40
48
56

Corrigés p. 65

3 Comprendre des langages

CE QUE TU SAIS DÉJÀ

◗ employer des mots qui ont un sens différent selon qu'ils sont employés en grammaire, en sciences, en mathématiques, en géographie... Ce sont souvent les mêmes mots qui reviennent et que tu as mémorisés ;

◗ utiliser des signes de ponctuation, des symboles, des lettres, des abréviations ou des chiffres qui ont une signification différente selon leur position dans un nombre.

EN 6ᵉ, TU DEVRAS

◗ mémoriser un vocabulaire encore plus important et bien l'utiliser ;
◗ acquérir des automatismes pour transcrire rapidement dans un langage spécifique ce que tu entends à l'oral.

Tu entends 50 mètres carrés, tu écris 50 m².

CONSEILS PARENTS
Procurez à votre enfant un dictionnaire papier et vérifiez qu'il sait aussi utiliser celui de l'ordinateur. Amenez-le à en comparer l'utilité, la précision.

Géométrie

1 Exercice guidé

MÉTHODE
Pour chaque matière (français, maths, histoire-géographie...), tu peux te faire des listes de signes, abréviations ou symboles que tu reliras régulièrement pour bien les mémoriser.

Observe ces figures géométriques puis réponds aux questions en utilisant si nécessaire les signes ou abréviations mathématiques suivants :

//   =   h   d   r   ⊥   cm

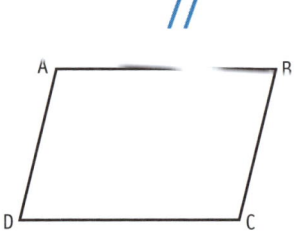 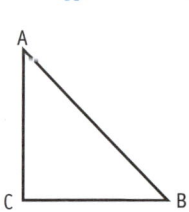 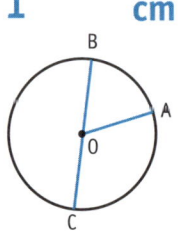

Que peux-tu dire des segments [AB] et [CD] ?

....

Écris-le en langage mathématique.

....

Quelle est la nature de la figure ABC ?

....

Sur la figure, marque par un signe mathématique l'une de ses propriétés.

Quelle est la nature des segments [OA] et [BC] ?

....

....

Quelle est la mesure de BC ? Justifie.

....

Français

2 Lis ces mots puis classe-les dans la colonne qui convient : volume – produit – sommet – pôle – rayon – plan – échelle – position – masse – opération.

> **MÉTHODE**
> Place d'abord les mots que tu connais sans erreur puis vérifie, à l'aide du dictionnaire, si ces mots n'ont pas un autre sens.

Langage courant	Langage mathématique	Langage scientifique	Langage géographique
....	....	....	....
....	....	....	....
....	....	....	....
....	....	....	....
....	....	....	....
....	....	....	....
....	....	....	....
....	....	....	....
....	....	....	....
....	....	....	....

3 Donne dans un langage courant plusieurs définitions des mots suivants.

Volume : ....

Sommet : ....

Échelle : ....

4 Lis ce texte en rétablissant la ponctuation.

> **MÉTHODE**
> Lis une première fois le texte tel qu'il est présenté pour le comprendre puis rétablis la ponctuation.

Pour fréquenter l'école l'enfant s'habille de façon convenable Il porte généralement des sabots et un tablier boutonné à l'arrière qui permet de ne pas se salir et de cacher les vêtements très usés de certains écoliers pauvres Dans son pupitre il range quelques crayons de couleur une gomme à effacer une boîte à compas et dans son plumier en carton un porte-plume et des plumes de toutes les formes

Dominique Brisson, La vie des écoliers au temps de Jules Ferry,
© Éditions de La Martinière Jeunesse (2001).

Le point marque la fin d'une phrase. Il est suivi d'une majuscule. La virgule isole des énumérations.

5 Lis les définitions des mots suivants dans le dictionnaire, puis indique la signification des signes écrits en gras.

pupitre : **n. m.** .... salir : **v.** ....

généralement : **adv.** .... usé : **adj.** ....

6 Que signifient ces autres abréviations ?

n. f. : .... inv. : .... env. : ....

fam. : .... conj. : .... suff. : ....

7 Dans les phrases suivantes, souligne les verbes et encadre les groupes sujets.

> **MÉTHODE**
> Dans ce type d'exercices très courants et faciles, ne te précipite pas mais prends le temps de comprendre la consigne, ce qui est demandé. Repère les mots-clés. Prends une règle pour effectuer proprement ce travail.

Le vilain petit canard nageait dans la mare. Sur sa belle bicyclette verte, Léa pédalait en chantant.

Les narcisses, les iris et les pensées fleurissaient joliment la terrasse.

8 Indique entre parenthèses les temps de conjugaison des verbes.

Le cheval arriva (..............................) au petit trot.

Les fourmis avançaient (..............................) lourdement chargées de nourriture.

Non, je ne viendrai pas (..............................) ce soir, je suis fatigué

(..............................) et je n'ai pas fini (..............................) mon travail.

Géographie-Histoire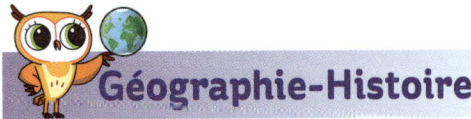

9 Lis le bulletin météorologique suivant puis reporte sur la carte les symboles et les températures prévues.

> **MÉTHODE**
> - Lis le bulletin météorologique.
> - Place sur la carte de France les points cardinaux puis les villes données.
> - Vérifie que tu as compris la signification des symboles météorologiques.
> - Place-les sur la carte puis ajoute les températures.
> - Relis le bulletin et vérifie qu'il correspond à la carte.

Bulletin : Au nord de la Loire, le ciel alternera éclaircies et nuages. L'Ouest sera fréquemment arrosé mais les températures seront douces. Dans le Centre, il faudra s'attendre à une baisse des températures et à des chutes de neige. Quelques nappes de brouillard persisteront à l'Est.

Enfin, dans le Sud et Sud-Ouest, les vents souffleront en rafales en permettant au soleil de briller largement.

Températures prévues :

Paris 10°
Brest 13°
Strasbourg 9°
Clermont-Ferrand 2°
Bordeaux 12°
Perpignan 14°
Marseille 15°.

Symboles météorologiques :

soleil

pluie / averses

brouillard

nuages

neige

éclaircies

10 Dans ce tableau représentant Louis XIV en costume de sacre, quels symboles de la royauté observes-tu ?

> **MÉTHODE**
> Regarde les vêtements puis les objets. Nombreux sont ceux qui ont une signification particulière.

....
....
....
....
....
....
....
....
....

Hyacinthe Rigaud (1659-1743), *Louis XIV, roi de France*, portrait en pied en costume royal, 1701, huile sur toile. Paris, Musée du Louvre.

4 Améliorer son langage

CE QUE TU SAIS DÉJÀ
- communiquer, exprimer ta pensée ;
- comprendre des informations ;
- diversifier ton registre de langue.

EN 6ᵉ, TU DEVRAS
- t'exprimer de manière cohérente et argumentée ;
- connaître un vocabulaire juste et précis de plus en plus varié.

CONSEILS PARENTS
N'hésitez pas à employer des mots précis, à faire des phrases complexes lors d'échanges avec votre enfant, même si vous devez en donner l'explication.

Français

1 Exercice guidé

MÉTHODE
- Lis le poème silencieusement pour en comprendre le sens.
- Lis-le à haute voix pour en saisir l'organisation, le rythme.
- Imagine, dans ta tête, la situation décrite.
- Pour mémoriser la poésie, aide-toi des questions de la p. 17.

Déménager,

Quitter un appartement. Vider les lieux.
Décamper. Faire place nette. Débarrasser le plancher.
Inventorier. Ranger. Classer. Trier.
Éliminer. Jeter. Fourguer.
Casser.
Brûler
Descendre. Desceller. Déclouer. Décoller. Dévisser.
Décrocher.
Débrancher. Détacher. Couper. Tirer. Démonter.
Plier.
Couper.
Rouler.
Empaqueter. Emballer. Sangler. Nouer. Empiler.
Rassembler. Entasser. Ficeler. Envelopper. Protéger.
Recouvrir. Entourer. Serrer.
Enlever. Porter. Soulever.
Balayer.
Fermer.
Partir.

Georges Perec, « Déménager » *in Espèces d'espaces*, © Éditions Galilée, Georges Perec, *Espèces d'espaces* (1974/2000).

a) Quel est l'évènement décrit par Georges Perec ?

....

....

b) Quelle est l'impression qui se dégage du texte ?

Une grande fatigue ❏   De la peur ❏   Une intense activité ❏

c) Cite trois autres étapes importantes du poème.

Trier ....

d) Quelle est la nature des mots utilisés ?
(noms, adjectifs…)

....

e) À quel champ lexical appartiennent-ils ?

Vocabulaire du bricolage ❏   Vocabulaire du mobilier ❏   Vocabulaire de la cuisine ❏

f) Observe le vers : « Débrancher. Détacher. Couper. Tirer. Démonter. »
Pour chaque verbe, donne un mot de la même famille.

....

....

....

g) À ton tour, sur une feuille, crée un poème qui s'intitulera *Manger*.

> **MÉTHODE**
> - Écris tous les verbes qui te viennent spontanément à l'esprit et qui sont du même champ lexical que le verbe « manger ».
> - Exploite les différents registres de langue.
> - Cherche des synonymes dans le dictionnaire.
> - Cherche une fin possible au poème.
> - Organise ton texte en 3 ou 4 étapes pour qu'il y ait une progression comme dans le poème proposé.

Arts visuels

2 Décris le tableau de la p. 18.

> **MÉTHODE**
> - Lis les propositions de vocabulaire.
> - Souligne les mots que tu vas employer.
> - Rédige ta description.

Patrick Bretagne, acrylique, 2005.

Vocabulaire proposé : la composition du tableau (les différents plans, les lignes, la profondeur), le genre de peinture (abstrait, réaliste, figuratif, nature morte...), le sujet, les personnages, le lieu de la scène, les couleurs dominantes, les tons froids / chauds, la lumière.

a) Décris la scène, le lieu : ....
....

b) Où le peintre est-il placé ? ....
....

c) Décris les personnages : ....
....

d) Que peux-tu dire sur les couleurs ? ....
....

e) Quelle est l'impression qui se dégage du tableau ? ....
....

f) Propose un titre pour ce tableau : ....
....

Français

MÉTHODE
Si tu ne connais pas le sens d'une expression, cherche le mot principal dans le dictionnaire.

3 **Lis ce texte et reformule les expressions soulignées dans un registre soutenu.**

★★★

Chez lui, tous les vilains mots étaient strictement interdits de A jusqu'à Z. Il s'était donc <u>fait souffler dans les bronches</u> et cela lui avait <u>mis la puce à l'oreille</u> : ainsi, avec juste <u>un petit mot pépère</u>, trois minuscules lettres <u>à la queue leu leu</u>, il était possible de faire réagir son entourage, de bouleverser l'équilibre du monde ?

Gérard Mathie, revue Dada n° 80.

★★★

Il existe trois niveaux de langue : familier, courant, soutenu.

....
....
....
....
....
....

4 **Précise la signification des expressions suivantes en donnant le mot juste.**

Casse-toi ! ....
Se casser le nez à la porte ....
Casser les pieds ....
C'est un casse-cou ....
Casser la croute ....
Casser du sucre sur le dos de quelqu'un ....

Énigme

Lis ce SMS puis transcris-le dans un langage courant et bien orthographié.

Rdv 2m1 Kfé d hal a 2h ac Krin. Oubli pa 2 me raporté lé cour ke jeté paC.

....
....
....

5 Recopier et écrire

CE QUE TU SAIS DÉJÀ
- écrire lisiblement ;
- copier rapidement et sans faute un texte de vingt lignes ;
- respecter une mise en page.

EN 6ᵉ, TU DEVRAS
- copier rapidement des textes plus ou moins complexes ;
- prendre des notes pendant un cours ;
- élaborer seul(e) une mise en page.

CONSEILS PARENTS
Persuadez votre enfant que l'écriture parfaite des chiffres et des nombres, ainsi qu'un bon espacement entre eux, lui procureront une meilleure lecture.

1 **EXERCICE GUIDÉ**
Lis attentivement le texte puis réponds aux questions.

MÉTHODE
- Lis le texte une ou deux fois. Vérifie ta compréhension du texte.
- Observe bien la mise en page.

★★★

Extrait de la Constitution de 1958

Titre premier. De la souveraineté

Article 2. La France est une République indivisible, laïque, démocratique et sociale. Elle assure l'égalité devant la loi de tous les citoyens sans distinction d'origine, de race ou de religion. Elle respecte toutes les croyances. L'emblème national est le drapeau tricolore, bleu, blanc, rouge. L'hymne national est *la Marseillaise*. […]

★★★

a) Lis le texte une ou deux fois pour en comprendre le sens et t'en imprégner, puis réponds aux questions.

Ce texte est un extrait : de la Constatation ❏   de la Constitution ❏   de la Consultation ❏.

Une constitution est une charte (texte) où sont écrits les principes fondamentaux qui définissent le régime politique d'un pays.   vrai   faux

La Constitution de 1958 est encore en vigueur en France.   vrai   faux

b) Observe bien la mise en page, c'est-à-dire l'organisation des paragraphes, les titres, ce qui est souligné.

Le texte de l'article 2 se compose de :   4 phrases ❏   6 phrases ❏   5 phrases ❏.

c) Repère les quatre mots qui portent une majuscule et qui ne sont pas en début de phrase, mémorise-les et recopie-les ci-dessous.

....

d) Recopie rapidement le texte sur une feuille et chronomètre ta copie (maximum 5 minutes). Relis-toi et corrige tes éventuelles erreurs (orthographe, inversion de lettres, ponctuation).

Maths

2 Écris les nombres suivants en toutes lettres.

> **MÉTHODE**
> - Reformule les trois règles d'orthographe essentielles pour écrire les nombres en toutes lettres. Elles concernent les mots *vingt*, *cent*, *mille*.
> - Pense à laisser un espace entre chaque classe de nombres quand tu écris les nombres en chiffres.
> - Conformément à la nouvelle orthographe, écris systématiquement les chiffres avec un trait d'union.

⚠ **règles de vingt**   21 : ....   22 : ....

24 : ....   80 : ....

⚠ **règle de cent**   260 : ....   700 : ....

⚠ **règle de mille**   1 000 : ....   3 000 : ....

3 Complète en écrivant en chiffres ou en toutes lettres selon le cas.

Trente-mille-quatre-cents ....   Deux-mille-vingt-quatre ....

25 200 ....

7 303 581 120 ....

....

Cent-trente-trois-milliards-deux-millions-quatre-vingt-huit-mille-cent-onze ....

55 024 007 333 ....

....

Un-milliard-cent-mille ....

7 699 001 ....

4 Lis les nombres suivants puis réponds aux questions.

111 111 111 111 Combien faut-il de chiffres 1 pour écrire ce nombre ? ....

Combien de fois utilise-t-on le mot *un* pour écrire ce nombre en toutes lettres ? ....

15 005 415 125 Combien faut-il de chiffres 5 pour écrire ce nombre ? ....

Combien de fois utilise-t-on le mot *cinq* pour écrire ce nombre en toutes lettres ? ....

Géographie

5 Complète cette grille de mots croisés.

MÉTHODE
- Rappelle-toi qu'il s'agit d'un exercice de géographie. Lis les définitions très attentivement.
- Remplis la grille dans n'importe quel ordre.
- Quand tu penses avoir trouvé un mot, compte le nombre de lettres qui le composent et vérifie s'il correspond au nombre de cases dans la grille.
- Écris au crayon à papier, en majuscule d'imprimerie, une lettre par case.

1. Grand cercle de la sphère terrestre qui sépare la Terre en deux hémisphères.
2. Chacune des deux moitiés du globe terrestre.
3. Vaste étendue d'eau salée qui couvre une grande partie de la surface du globe terrestre.
4. Carte où l'ensemble du globe terrestre est représenté en projection plane.
5. Grande étendue de terre limitée par un ou plusieurs océans.
6. Les deux points de la surface terrestre formant les extrémités de l'axe de rotation de la Terre.
7. Forme à la surface terrestre (élévation ou creux).
8. Zone très sèche, aride et inhabitée.
9. Pays d'Europe occidentale qui offre une grande variété de paysages.
10. Le plus petit et le plus mal délimité des continents.

Anglais

6 Copie le texte suivant lisiblement, sans faire d'erreur et le plus rapidement possible.

MÉTHODE
- Lis le texte plusieurs fois à haute voix.
- Repère la répétition de la question qui revient comme un refrain.
- Surligne les mots que tu ne connais pas, cherche leur sens dans un dictionnaire Anglais / Français par exemple et observe bien leur orthographe.

Where is it?	....
Where is it?	....
Over and under	....
Round and round	....
Where is it?	....
Where is it?	....
Not on the bed	....
Not by the door	....
Where is it?	....
Where is it?	....
Not right, not left	....
Not here, not there	....
Not anywhere but here.	....

Calligramme

```
        L           E
      A       T
                A
        C   V
        R A
        DOU
        LOU
        REUSE
        QUE TU
        PORTES
        ET QUI T'
        ORNE  O  CI
        VILISÉ
        ÔTE -    TU VEUX
        LA       BIEN
        SI       RESPI
                 RER
```

Guillaume Apollinaire,
extrait de « La cravate et la montre »,
Calligrammes (1918).

Observe ce poème : Il s'agit d'un calligramme. La forme a autant d'importance que les mots.
Quelle est la forme « dessinée » ? ....
À ton tour, invente un petit poème à écrire sous forme de calligramme.

6 Produire un texte

CE QUE TU SAIS DÉJÀ
- lire et comprendre des textes de différentes natures (romans, articles de journaux, textes documentaires…), reconnaitre leurs caractéristiques ;
- produire un texte de vingt lignes de manière cohérente.

EN 6e, TU DEVRAS
- produire des textes plus longs en t'exprimant clairement et correctement, sans faire de faute ;
- apprendre à organiser et à exposer tes idées en suivant un plan.

CONSEILS PARENTS
Lorsque votre enfant recherche des informations sur un sujet, orientez-le vers des documents utiles et signalez-lui où il pourra se les procurer (bibliothèque, Internet).

Français

1 **EXERCICE GUIDÉ**
Transforme la fable suivante en un court texte narratif.

MÉTHODE
- Lis le texte dans ta tête puis à voix haute pour en entendre les sonorités, le jouer.
- Cherche la signification des mots inconnus dans un dictionnaire.
- Réponds à chaque question par une phrase construite.

★★★

La Grenouille qui veut se faire aussi grosse que le Bœuf

Une Grenouille vit un Bœuf
Qui lui sembla de belle taille.
Elle, qui n'était pas grosse en tout comme un œuf,
Envieuse, s'étend, et s'enfle, et se travaille,
Pour égaler l'animal en grosseur,
Disant : « Regardez bien, ma sœur ;
Est-ce assez ? Dites-moi ; n'y suis-je point encore ?
– Nenni.
– M'y voici donc ?
– Point du tout.
– M'y voilà ?
– Vous n'en approchez point. »
La chétive pécore
S'enfla si bien qu'elle creva.

Le monde est plein de gens qui ne sont pas plus sages :
Tout bourgeois veut bâtir comme les grands seigneurs,
Tout petit prince a des ambassadeurs,
Tout marquis veut avoir des pages.

Jean de la Fontaine, *Fables*, Livre I (1668).

★★★

a) **Quel est le sens des mots suivants ?**

Un bœuf de belle taille : il s'agit d'un bœuf adulte, bien gras.

Elle n'était pas grosse en tout comme un œuf

....

La chétive pécore ....

Nenni ....

> La fable est un petit récit en prose ou en vers qui contient une morale. Jean de La Fontaine est un écrivain du XVIIe siècle.

b) **Réponds aux questions.**

Qui sont les personnages ? ....

Quels sont leurs traits de caractère ? ....

....

Quel est le problème de la grenouille ? ....

....

Que se passe-t-il ? ....

c) **Surligne de deux couleurs différentes les paroles de la grenouille et celles du bœuf.**

d) **Encadre la morale de la fable.**

e) **Tu peux maintenant transformer cette histoire en un court texte narratif.**

> **MÉTHODE**
> - **1er essai au brouillon :** situe la scène et décris rapidement les personnages. Présente le début de l'histoire. Prévois les étapes de la narration. Chacune fera l'objet d'un paragraphe. Quel(s) temps de la conjugaison vas-tu employer ?
> - **2e essai au brouillon :** relis ton 1er essai. Repère et supprime les répétitions en utilisant des connecteurs et des substituts du nom. Corrige les fautes d'orthographe en regardant si nécessaire dans le dictionnaire, vérifie les accords et la ponctuation.

f) **Recopie ton texte au propre et relis-le pour vérifier qu'il est cohérent.**

Histoire

2 On peut te demander au collège de faire un exposé sur un personnage, un monument, un évènement… Cela demande des recherches et de l'organisation.

a) Un personnage : Léonard de Vinci

Où vas-tu trouver des renseignements sur ce personnage ?

....

Quels éléments importants retiens-tu ?

- Sur sa vie : ....

- Sur son époque : ....

- Sur ses inventions : ....

- Sur ses peintures et sculptures : ....

b) Un monument : la tour Eiffel

Quels éléments retiens-tu ?

- Sur Gustave Eiffel : ....

- Sur la Tour Eiffel : ....

- Sur l'époque de sa construction : ....

- Sur les autres constructions de Gustave Eiffel : ....

c) Un événement : le Traité de Rome

Quels éléments retiens-tu ?

- La date : ....

- Les éléments importants du Traité : ....

- Les personnages à l'origine du Traité : ....

- La situation internationale de l'époque : ....

- Après le Traité de Rome : ....

d) Présente désormais ton exposé sur des feuilles ou des panneaux.

> **MÉTHODE**
> - Avec qui fais-tu cet exposé ? Quel est le rôle de chacun ?
> - Relève dans la documentation recueillie ce qui est le plus important.
> - Fais un plan de ton exposé, c'est-à-dire prévois les différentes étapes de l'exposé (prends une feuille ou un panneau pour chacune).
> - Donne des sous-titres à ces différentes étapes, souligne les mots-clés.
> - Quand tu présentes oralement ton exposé, essaie de ne pas le lire mais d'expliquer en t'appuyant sur tes préparations.
> - Exprime-toi correctement, parle assez fort en articulant bien.

Français

3 La partie droite du texte ci-dessous a été supprimée. Ton travail consiste à inventer et à écrire la partie manquante afin de recomposer un texte qui ait du sens.

> **MÉTHODE**
> - Lis très attentivement la partie de texte dont tu disposes en y cherchant du sens : repère bien les différents personnages, la ponctuation.
> - Commence à écrire la partie droite en te relisant très souvent pour t'assurer que ce que tu inventes est en cohérence avec ce qui précède et ce qui suit.
> - Lorsque tu constates des incohérences, modifie ton texte sans jamais rien supprimer à la partie gauche. Une fois terminé, ton texte doit être parfaitement cohérent.

La concierge vint annoncer que la voiture était à la porte.

Toutes les filles suivirent Maia ....,

mais à la vue de la femme ....,

raide comme un piquet, ...,

Maia tressaillit. C'était là ....,

la gouvernante qui devait ....

« Comme elle a l'air..

– Ma pauvre Maia ! » ....

Force était de reconnaître que..

ressemblait plus à un .... qu'à un être humain.

Extrait de *La Reine du fleuve*, Eva Ibbotson, © Éditions Albin Michel (2004).

Anglais

4 Lis les questions et les réponses puis rédige tes propres réponses aux questions.

> **MÉTHODE**
> - Lis deux ou trois fois chaque question / réponse à haute voix.
> - Observe bien la structure des réponses et imite-la.

What's your name?	My name is Marion.	....
How old are you?	I am 10 years old.	....
Where do you live?	I live in Paris.	....
Have you got any brothers and sisters?	I have got one brother, his name is Louis but I haven't got any sisters.	....
Do you like blue?	No, I don't, I hate blue but I love pink.	....

7 Se repérer dans l'espace et le temps

CE QUE TU SAIS DÉJÀ

- repérer les différents paragraphes, les personnages d'un texte ;
- te repérer dans les mesures de temps et d'espace ;
- te repérer sur une carte, un plan, une frise chronologique.

EN 6ᵉ, TU DEVRAS

- faire une analyse et une représentation de plus en plus fines des éléments qui composent un texte ;
- très bien maitriser les mesures ;
- savoir situer dans le temps les principaux événements historiques, et sur une carte les sites majeurs mondiaux.

CONSEILS PARENTS

Associez votre enfant à des activités pratiques : réalisation de recettes, estimation de durée (trajet, cuisson...), de distance, de longueur.

Maths

1 Exercice guidé

MÉTHODE
- Pour mesurer des durées, tu utilises la seconde **s**, la minute **min**, l'heure **h**, le jour, l'année.
- 1 h = 60 min.
  1 min = 60 s.
  1 jour = 24 h.
  une année = 365 jours (366 tous les 4 ans).
- Pour transformer des durées, tu peux les décomposer ou utiliser un tableau de conversion.

a) Transforme les durées suivantes en les décomposant selon le modèle.

Exemple : 170 min = 60 min + 60 min + 50 min
= 1 h + 1 h + 50 min
= 2 h 50 min

135 min = ...

193 min = ...

78 s = ...

b) Transforme ces durées en utilisant un tableau de conversion.

> **MÉTHODE**
> Pour mesurer des durées, tu peux utiliser un tableau de conversion.
> Passer d'une colonne à l'autre revient à multiplier ou à diviser par 60.
> 1 h = 60 min   60 min × 60 = 3 600 s   240 min : 60 = 4 h

h	min	s
	3	180
5		
	20	
	240	

Exemple : 3 × 60 = 180 → 3 min = 180 s

5.......................... → 5 h =..........................min

20........................ → 20 min =........................s

240...................... → 240 min =......................h

c) Résous ce petit problème.

Quand il est 12 h à Paris, il est 6 h à New York.

Un avion pour New York décolle de Paris à 13 h. Le vol dure 7 h 15 min.

À quelle heure arrivera-t-il à destination, à l'heure de Paris et à l'heure de New York ?

....

....

d) À l'aide du tableau de conversion, transforme ces mesures en m^2.

> **MÉTHODE**
> - L'aire est la mesure de la surface occupée par une forme.
> - L'unité utilisée est le mètre carré (m^2).
> - Le m^2 est la surface occupée par un carré de 1 m de côté.
> - Pour mesurer des aires (des surfaces) dans différentes unités, tu peux utiliser un tableau de conversion. Passer d'une colonne à l'autre revient à multiplier ou à diviser par 100, ce qui explique pourquoi il y a deux chiffres par colonne.

km^2 kilomètre carré	hm^2 hectomètre carré	dam^2 décamètre carré	m^2 mètre carré	dm^2 décimètre carré	cm^2 centimètre carré	mm^2 millimètre carré
	01	00	00			
05						
					01	
				07		

Exemple : **1 hm^2 = 10 000 m^2**   1 cm^2 = ...m^2

5 km^2 = ...m^2 7 dm^2 = ...m^2

Géographie

2 Observe bien cette carte puis réponds aux questions.

> **MÉTHODE**
> - Observe bien la carte dans son ensemble et les pays qui la composent.
> - Prends en compte l'orientation : N (nord), S (sud), E (est) et O (ouest).
> - Utilise un atlas ou un livre de géographie si nécessaire.

a) Que représente cette carte ?   L'Europe ❑   L'Union Européenne (UE : 28 pays en 2013) ❑

b) **Place les mers et les océans suivants du nord au sud :** mer Baltique, mer du Nord, Manche, Océan Atlantique, mer Méditerranée, mer Noire.

c) **Repère et écris le nom des six pays qui ont une frontière terrestre avec la France (du nord au sud).**

....

....

d) **Sur cette carte, on voit le nord d'un continent autre que l'Europe, de quel continent s'agit-il ?**

....

e) **Identifie au moins les sept pays suivants en écrivant leur nom sur la carte :**
France, Espagne, Portugal, Royaume-Uni, Allemagne, Italie, Grèce.

Français

3 Lis les textes suivants puis réponds aux questions.

> **MÉTHODE**
> - Lis le texte au moins deux fois.
> - Essaie de te représenter la scène.
> - Repère les différents personnages.

★★★

Le jeune <u>louveteau</u> serait mort et son histoire aurait pris fin ici, si sa mère n'avait brusquement surgi des fourrés. La belette relâcha aussitôt <u>sa prise</u> pour se jeter à la gorge de la louve. Elle manqua sa cible, mais demeura suspendue à sa mâchoire. La louve secoua la tête en tous sens, fouettant l'air avec violence, et finit par projeter le petit corps jaune au-dessus d'elle. Avant même d'être retombée au sol, la belette fut happée au passage et broyée à mort par les crocs puissants.

Jack London, Croc-Blanc (1906), traduction Daniel Alibert-Kouraguine, collection Classiques et Cie, © Éditions Hatier.

★★★

a) Combien y a-t-il de personnages en présence dans ce texte ?   3 ☐   2 ☐   5 ☐

b) Qui sont ces personnages ? ....

....

c) Choisis une couleur différente pour chaque personnage et colorie dans le texte tous les mots qui servent à les nommer.

> Ce travail est déjà fait dans le texte pour le personnage du louveteau : tous les mots qui le nomment sont soulignés. Si tu as un doute, remplace le mot que tu veux souligner par le nom du personnage qu'il désigne.
> Exemple : *sa prise* peut être remplacé par *le louveteau*.

d) Lis attentivement ce second texte en imaginant la maison comme si tu devais la dessiner.

★★★

Alors commencèrent les plus beaux jours de ma vie. La maison s'appelait La Bastide neuve, mais elle était neuve depuis bien longtemps. C'était une ancienne ferme en ruines, restaurée trente ans plus tôt par un monsieur de la ville, qui vendait des toiles de tente, des serpillières et des balais. Mon père et mon oncle lui payaient un loyer de 80 francs par an (c'est-à-dire quatre louis d'or), que leurs femmes trouvaient un peu exagéré. Mais la maison avait l'air d'une villa – et il y avait « l'eau à la pile » : c'est-à-dire que l'audacieux marchand de balais avait fait construire une grande citerne, accolée au dos du bâtiment, aussi large et presque aussi haute que lui : il suffisait d'ouvrir un robinet de cuivre, placé au-dessus de l'évier, pour voir couler une eau limpide et fraîche…

Marcel Pagnol, La Gloire de mon père, collection Fortunio, Éditions de Fallois, © Marcel Pagnol, 2004.

★★★

e) Relève, selon l'ordre d'apparition dans le texte, tous les mots qui servent à nommer la maison (il y en a huit).

....

....

....

8 Lire (1)

CE QUE TU SAIS DÉJÀ
- lire différents textes, en comprendre le sens, y prélever des indices ;
- lire un tableau à double entrée, en exploiter des données.

EN 6ᵉ, TU DEVRAS
- lire des textes très variés qui te permettront de connaitre et d'analyser les principaux genres littéraires ;
- organiser des données pour qu'elles deviennent plus lisibles, pour avancer dans un raisonnement.

CONSEILS PARENTS
Sollicitez votre enfant pour lire des informations pratiques, un plan de bus, un guide touristique, les horaires des trains... Ou encore proposez-lui de comparer des trajets.

1 Exercice guidé
Lis le texte suivant puis réponds aux questions.

MÉTHODE
- Lis le texte et observe les illustrations.
- Cherche le sens des mots que tu ne connais pas dans un dictionnaire.
- Remarque qu'il y a beaucoup d'indications chiffrées et de noms propres.

Premier parc français créé en 1963, le parc de la Vanoise est situé sur le département de la Savoie entre les deux vallées de la Tarentaise et de la Maurienne. D'une superficie de 53 000 hectares, il possède une frontière commune avec le parc national italien du Grand Paradis. Dominé par plus de cent sommets culminant au-dessus de 3 000 mètres d'altitude, dont la Grande Casse (3 855 m), le parc de la Vanoise a surtout acquis sa réputation grâce à la richesse de sa faune : bouquetins, marmottes, chamois, mais aussi mouflons, hermines... Sans oublier le majestueux aigle royal. Le parc est aussi très apprécié pour la variété de sa flore. Dans ce superbe site entre mélèzes, épicéas et pins cembros, le parc propose un vaste réseau de 600 kilomètres de sentiers balisés et d'une cinquantaine de refuges pour les randonnées pédestres.

a) **De quoi parle le texte ?**

Des parcs naturels français ❏ Du parc de la Chamoise ❏

De la faune et de la flore de montagne ❏ Du parc de la Vanoise ❏

b) **Il est écrit pour un public :**

d'écoliers ❏ d'amateurs de montagne et de nature ❏ de passionnés de sports d'hiver ❏

c) **Est-ce un texte documentaire ou narratif ?** ....

d) **Comment le sait-on ?** (Coche les raisons qui justifient ta réponse.)

Le texte fournit de nombreuses informations. ❏

Il raconte une histoire. ❏ Il est écrit à la troisième personne. ❏

Il est écrit à la première personne. ❏ Il est écrit au présent. ❏

e) **As-tu appris un peu, beaucoup ou rien du tout en lisant ce texte ?** ....

....

Géographie-Histoire

2 Observe ce calendrier des marées des Sables d'Olonne (Vendée) puis réponds aux questions.

> **MÉTHODE**
> - Observe les titres des différentes colonnes et cherche les mots que tu ignores (Coef = coefficient).
> - Utilise un livre de géographie et un dictionnaire.
> - Cherche le département de la Vendée sur une carte et repère le port des Sables d'Olonne.

Décembre 2014							Décembre 2014						
Date	Pleines mers				Basses mers		Date	Pleines mers				Basses mers	
	Matin	Coef	Soir	Coef	Matin	Soir		Matin	Coef	Soir	Coef	Matin	Soir
1 L	02 : 51	66	15 : 18	70	08 : 37	20 : 59	16 M	02 : 35	48	15 : 04	54	08 : 28	20 : 56
2 M	03 : 39	73	16 : 07	76	09 : 34	21 : 51	17 M	03 : 18	59	15 : 47	65	09 : 19	21 : 41
3 M	04 : 23	79	16 : 50	81	10 : 25	22 : 39	18 J	03 : 59	71	16 : 27	76	10 : 05	22 : 23
4 J	05 : 02	83	17 : 29	84	11 : 12	23 : 23	19 V	04 : 39	81	17 : 06	86	10 : 48	23 : 05
5 V	05 : 39	84	18 : 04	83	11 : 55	x x x x	20 S	05 : 20	90	17 : 45	93	11 : 31	23 : 46
6 S	06 : 13	82	18 : 36	80	00 : 04	12 : 36	21 D	06 :00	95	18 : 24	96	x x x x	12 : 13
7 D	06 : 45	78	19 : 07	75	00 : 45	13 : 15	22 L	06 : 42	96	19 : 04	95	00 : 30	12 : 55
8 L	07 : 17	71	19 : 39	67	01 : 23	13 : 52	23 M	07 : 25	93	19 : 45	90	01 : 14	13 : 38
9 M	07 : 51	63	20 : 14	59	02 : 02	14 : 31	24 M	08 : 10	86	20 : 31	80	01 : 59	14 : 23
10 M	08 : 28	54	20 : 57	50	02 : 42	15 : 11	25 J	09 : 01	75	21 : 28	68	02 : 49	15 : 13
11 J	09 : 12	45	21 : 56	41	03 : 26	15 : 56	26 V	10 : 06	62	22 : 59	55	03 : 44	16 : 09
12 V	10 : 12	38	23 : 26	35	04 : 16	16 : 50	27 S	11 : 36	50	x x x x	x x	04 : 47	17 : 15
13 S	11 : 45	34	x x x x	x x	05 : 14	17 : 54	28 D	00: 36	45	13 : 08	45	06 : 01	18 : 32
14 D	00 : 46	34	13 : 11	35	06 : 21	19 : 03	29 L	01 : 52	46	14 : 25	49	07 : 21	19 : 50
15 L	01 : 46	38	14 : 13	43	07 : 28	20 : 05	30 M	02: 52	54	15 : 23	55	08 : 34	20 : 55
							31 M	03: 40	64	16 : 07	69	09 : 32	21 : 47

8

a) La pleine mer (ou marée haute) est-elle toujours à la même heure ? ....

b) Généralement, combien y a-t-il de pleines mers en 24 heures ? ....

c) Au mois de décembre 2014 :

- Quels jours les marées ont-elles été les plus fortes ? ....

- Avec quel coefficient ? ....

- Quels jours ont-elles été les plus faibles ? ....

- Avec quel coefficient ? ....

3 Observe cette affiche qui est la copie d'un document authentique puis réponds aux questions.

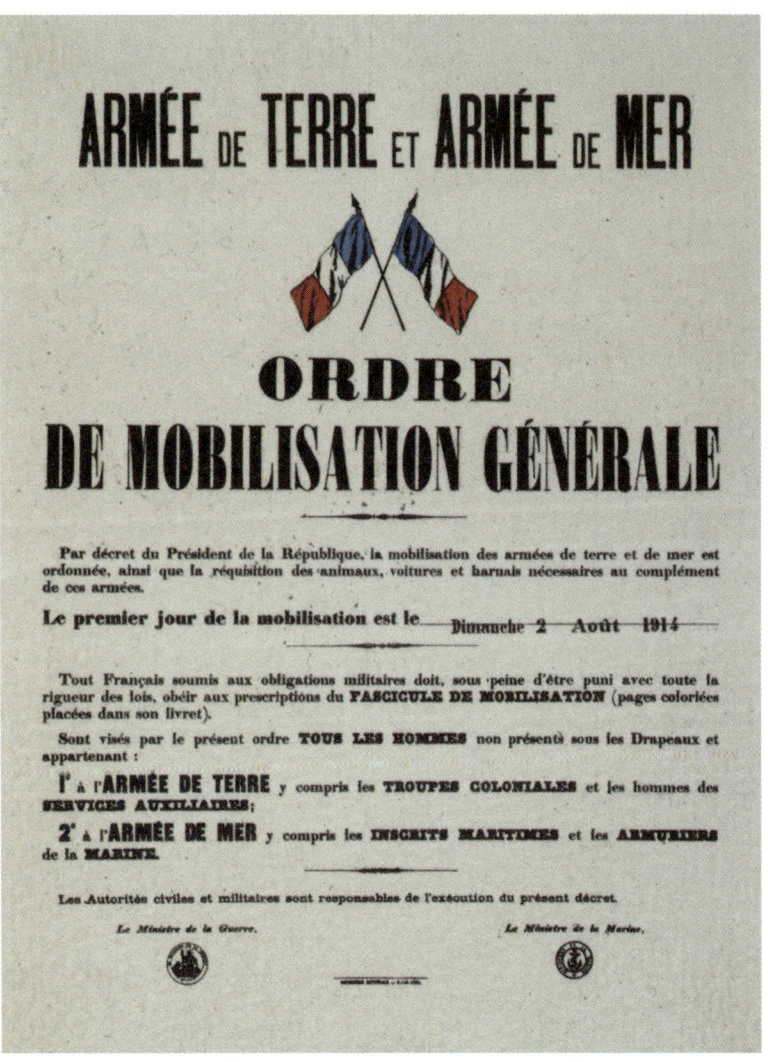

MÉTHODE
- Lis le texte de cette affiche, observe la mise en page, les polices et les caractères d'écriture.
- Utilise un livre d'histoire et un dictionnaire si nécessaire.

Armée de terre et armée de mer – Ordre de mobilisation générale, affiche anonyme (1914). Paris, Musée Carnavalet.

a) À quoi cette affiche a-t-elle servi ? À quelle époque ?

....

....

b) Comment son message est-il mis en valeur ? ....

....

34

c) Que signifie l'expression « mobilisation générale » ?

....

....

d) Quels signes montrent que cette affiche est un document officiel ?

....

e) Qui était concerné par l'ordre donné dans cette affiche ?

....

f) Qu'est-ce que l'armée réquisitionne ? Que signifie ce mot ?

....

....

Sciences

4 Observe bien le schéma avant de faire l'exercice.

MÉTHODE POUR LIRE UN SCHÉMA
- Regarde attentivement ce schéma du cycle de l'eau : observe le sens des flèches, la numérotation, le texte.
- Utilise un livre de sciences si nécessaire.

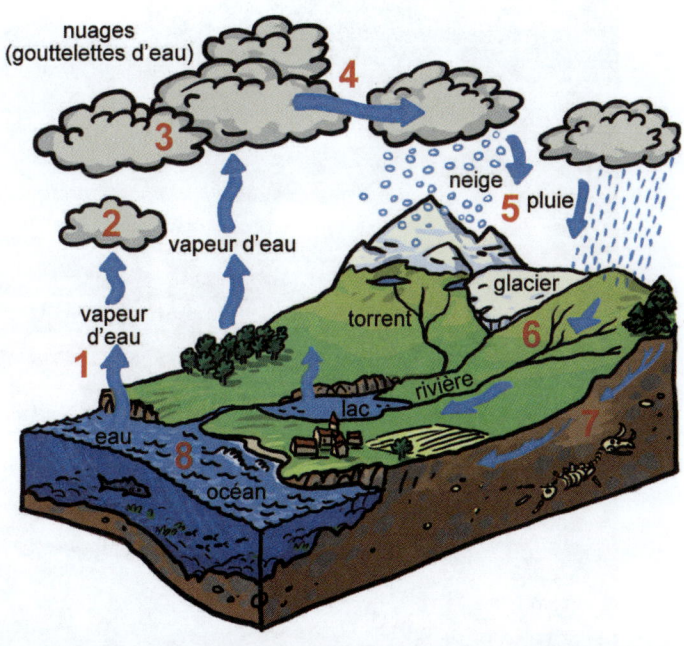

Le cycle de l'eau

Voici les termes scientifiques qui nomment les différentes étapes du cycle de l'eau :

précipitations, ruissellement, condensation, formation des nuages, infiltration, évaporation, déplacement des nuages.

Associe chaque étape au terme scientifique qui convient :

1 : ....

2 : ....

3 : ....

4 : ....

5 : ....

6 : ....

7 : ....

9 Lire (2)

CE QUE TU SAIS DÉJÀ
◗ faire preuve d'un esprit logique et de raisonnement, comprendre les représentations usuelles, les interpréter, les comparer ;
◗ lire des images et éprouver des émotions fondées sur l'analyse et l'interprétation.

EN 6ᵉ, TU DEVRAS
◗ créer, produire, traiter, exploiter des données de manière critique ;
◗ découvrir d'autres formes d'expression que la langue usuelle : des figures, des graphiques, des tableaux, des schémas… ;
◗ développer une culture artistique.

CONSEILS PARENTS
Découvrez des livres avec votre enfant, des œuvres artistiques, échangez en confrontant les différents points de vue avec bienveillance. Aidez-le à exposer ses arguments.

Arts visuels

1 EXERCICE GUIDÉ
Observe cette reproduction d'un tableau de Botero et réponds aux questions.

MÉTHODE
Pour analyser et lire un tableau, tu peux décrire dans l'ordre :
- la scène ;
- la composition ;
- les personnages ;
- le décor ;
- les couleurs, la lumière.

Ensuite, seulement, tu dégageras l'impression ressentie.

Fernando Botero, *L'atelier de couture*, 2000, huile sur toile, 205 × 143 cm. Collection privée.

 Botero est un peintre contemporain, originaire de Colombie, qui a vécu en Europe et aux États-Unis.

a) Où se passe la scène ? ....
....

b) Quelle est la composition du tableau (disposition des personnages) ?
....
....

c) Combien vois-tu de personnages ? Décris-les, leurs attitudes, leurs vêtements.
....
....
....

d) Décris le décor. ....
....

e) Que peux-tu dire sur les couleurs, la lumière ? ....
....

f) Que ressens-tu à la lecture de cette image ? ....

g) Quelles informations écrites te sont données par la légende située sous l'œuvre ?
....
....

Maths

2 Voici un schéma qui traduit l'âge des membres de la famille Dubois. Quel est l'âge de la mère et du fils ?

MÉTHODE
Tu as deux indications importantes dans ce problème : l'âge du père est connu et l'âge de la mère est le double de celui du fils. Observe le schéma puis effectue des substitutions.

a représente l'âge du père.
b représente l'âge de la mère.
c représente l'âge du fils.

$\quad a \quad b \quad c$ = 116
$\quad a$ = 47 (âge du père)
$\quad b = 2 \times c$

Âge de la mère : ....
Âge du fils : ....

Tes calculs
....
....
....
....
....

3 L'histogramme suivant te donne la représentation du nombre de livres (classés par genre) vendus par un libraire durant un trimestre. Observe et réponds aux questions.

> **MÉTHODE**
> Tu as différentes façons de représenter une situation complexe, certaines étant parfois plus lisibles que d'autres :
> - par un schéma ;
> - en comparant des barres à partir de données écrites sur les axes (un histogramme) ;
> - par une courbe, un graphique ;
> - en comparant les tranches d'un graphique circulaire (un « camembert »).

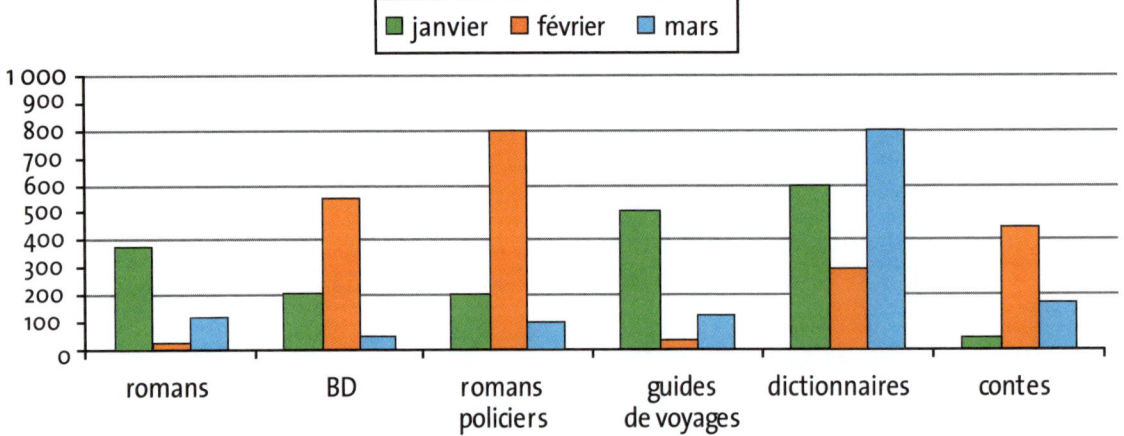

a) Quelle est la meilleure vente au mois de janvier ? ....

b) La plus faible en mars ? ....

c) Combien a-t-il vendu de romans policiers durant le trimestre ? ....

d) Combien de dictionnaires ? ....

4 Passer d'un histogramme à un graphique.

Voici la moyenne des notes de Léa durant l'année scolaire présentées par un histogramme.
Passe de cette représentation à un graphique sur une feuille.
Que peux-tu dire sur les notes de Léa, au cours de l'année ?

....
....
....
....

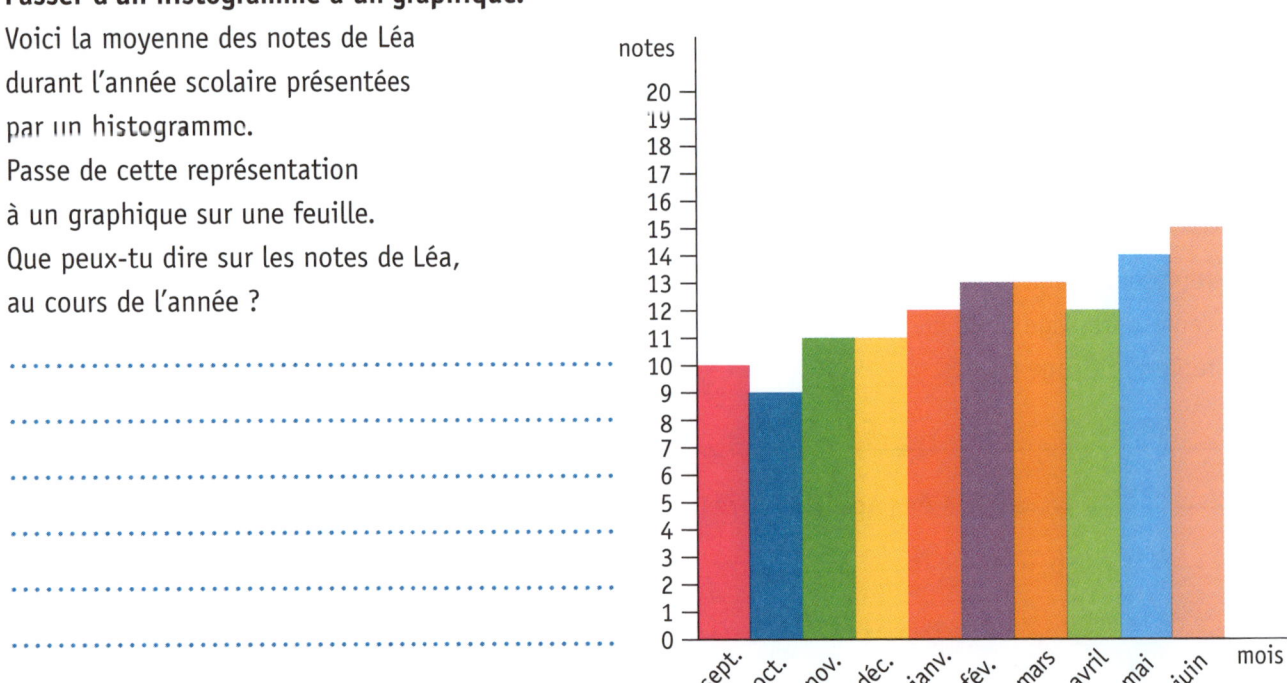

5 Passer d'un « demi-camembert » à un histogramme.

Observe cette représentation de la constitution de l'Assemblée nationale en France après les élections législatives de juin 2012. Chaque tranche représente le nombre de sièges obtenus par les différents partis politiques. Sur une feuille, élabore un histogramme dont les barres présenteront les résultats en ordre décroissant.

- Gauche démocrate et républicaine
- Écologistes
- Socialistes, républicains et citoyens
- Radicaux, républicains, démocrates et progressistes
- Non-inscrits
- Union des démocrates et indépendants
- Union pour un mouvement populaire

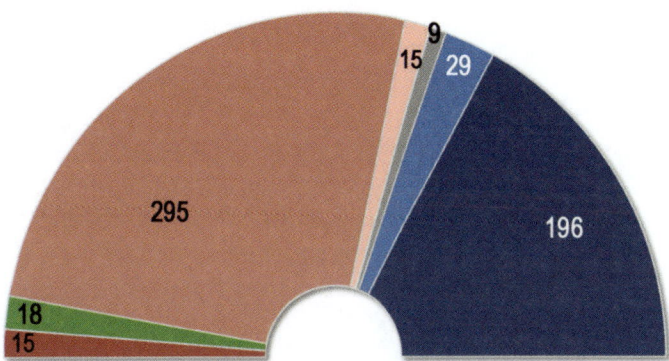

6 Lis ces données puis représente, sous le tableau, la situation de la façon que tu veux (histogramme, graphique ou « camembert »).

> **MÉTHODE**
> - Observe les données.
> - Trouve un classement, des questions possibles, en utilisant les données.
> - Cherche une façon d'y répondre : par un schéma, un tableau, un graphique.

Population de quelques pays d'Europe (en millions d'habitants, en 2013)

Allemagne :	80,5 M	Italie :	59,6 M
Belgique :	11,1 M	Portugal :	10,4 M
Espagne :	46,7 M	Malte :	0,4 M
France :	65,6 M	Royaume-Uni :	63,8 M
Grèce :	11 M	Suède :	9,5 M

Trouve deux questions portant sur le travail que tu viens de réaliser.

....

....

10 Classer – Comparer – Catégoriser

CE QUE TU SAIS DÉJÀ
- classer et comparer des mots, des nombres, des évènements.

EN 6ᵉ, TU DEVRAS
- repérer, nommer, classer rapidement ;
- maîtriser le rôle des pronoms, des mots de liaison, l'emploi des temps verbaux ;
- mettre en relation des données, des événements.

CONSEILS PARENTS

Amenez votre enfant à généraliser en passant du particulier aux termes génériques (« Une tomate est un fruit »), et inversement (« C'est un chien, mais c'est aussi un labrador »). Aidez-le à être précis dans les termes qu'il emploie.

Maths

1 EXERCICES GUIDÉS

Dans le tableau ci-dessous, indique par une croix ce que représente le chiffre 5 dans les nombres suivants.

MÉTHODE
- Un nombre est formé de chiffre(s). Il peut en avoir un ou plusieurs.
- Dans notre numération, chaque chiffre a une valeur différente selon sa position (exemple : 256 ≠ 526, 652 ≠ 625...).
- Tu lis un nombre de gauche à droite après l'avoir séparé en tranches de trois chiffres à partir de la droite (exemple : 2 000).
- Lorsque tu lis le nombre à haute voix, sois attentif(ve) aux mots que tu prononces.
- Dans un nombre tu dois différencier les différentes classes.
  Exemple : dans 7 529, on a 7 mille, 5 centaines, 2 dizaines et 9 unités.
- Quand tu as des difficultés, écris le nombre dans le tableau en plaçant un chiffre par case et en commençant par celui des unités.

	Classe des millions			Classe des mille			Classe des unités			Partie décimale		
	c	d	u	c	d	u	c	d	u	dixièmes	centièmes	millièmes
251 217					X							
7 524												
6 513 240												
213,500												
9,351												

2 Dans les nombres suivants, cherche le chiffre des centaines et entoure-le.

7 526　　　436　　　53 462,321　　　4 832　　　25 020　　　135,03

3

MÉTHODE
- Pour comparer des nombres décimaux, il faut d'abord regarder la partie entière.
- Si les parties entières sont égales, il faut regarder la partie décimale, d'abord les dixièmes, puis les centièmes, puis les millièmes (52,36 > 52,35).
- Entre deux nombres entiers ou deux nombres décimaux consécutifs, on peut toujours intercaler une infinité de nombres : 1 ; 1,01 ; 1,02 ; 1,03 ; .... ; 2.

a) Observe et lis ces nombres, puis range-les dans le tableau. Barre-les au fur et à mesure.

2,45   0,8   3,41   2,7   0,5   1,27   3,64   4,35   3,75   4,352   1,62   2,05

Nombres inférieurs à 1	Nombres compris entre 1 et 3	Nombres supérieurs à 3,5
....	....	....

b) Quel nombre n'a pas sa place dans ce tableau ? ....

c) Range tous ces nombres dans l'ordre croissant.

....

....

Français

MÉTHODE
Rappel pour identifier la nature des mots :
- les noms sont généralement précédés d'un déterminant (le, la, un, ce, mon...) ;
- pour identifier un verbe, on peut le faire précéder d'un pronom. À la 3e personne du pluriel, les verbes se terminent par –nt ;
- les adverbes précisent le sens d'un verbe ;
- les adjectifs accompagnent le nom qu'ils enrichissent ;
- selon le contexte, un même mot peut appartenir à une classe grammaticale différente.

4
Utilise chaque mot dans une phrase en respectant la classe grammaticale indiquée.

Le nom « porte » : ....

Le verbe « porte » : ....

Le verbe « joues » : ....

Le nom « joues » : ....

Le nom « ferme » : ....

Le verbe « ferme » : ....

Le nom « couvent » : ....

Le verbe « couvent » : ....

5 Lis ces mots à haute voix puis range-les dans le tableau selon leur classe grammaticale.

médicament – dorment – vêtement – poliment – environnement – rapidement – aiment – dément – franchement – résument – monument – clément – appartement – généralement.

Attention ! Un même mot peut figurer dans plusieurs colonnes puisqu'il n'y a pas de contexte.

Noms	Adverbes	Verbes	Adjectifs

6 Lis la phrase puis écris sous chaque mot, en abrégé, la classe grammaticale à laquelle il appartient.

Le   peintre   ajouta   une   touche   de   couleur   sur   la   toile,   puis   il   contempla

....

attentivement   son   travail.

....

Géométrie

MÉTHODE
Voici les principales formes géométriques. Repasse avec ton doigt sur le contour de chaque figure, nomme-la et compte ses côtés.

7 Observe et compare ces quadrilatères puis renseigne le tableau.

Portrait	Lettre	Pour en savoir plus
Je n'ai ni angles droits, ni côtés égaux, ni côtés parallèles. Qui suis-je ?		Quel est mon point commun avec les autres figures ? ....
On peut me décrire comme étant un carré sans angles droits.		Quel est mon nom géométrique ? ....
Nous sommes trois, on nous appelle trapèzes.		Quel est notre point commun ? ....
De ces quatre figures, H, E, A, B, je suis la plus parfaite.		Pourquoi suis-je la plus parfaite ? ....
Il me manque une propriété pour être totalement semblable à la figure H.		Que me manque-t-il ? ....
Des trois dont on a déjà parlé, on me dit quelconque.		Pourquoi suis-je quelconque ? ....

Anglais

8 Classe ces mots dans le tableau.

eggs – legs – cow – blue – yellow – horse – bird – arms – dog – spider – knees – rice – tomato – neck – face – orange – green – ears – hair – hen – cheese – meal – fish – black – white – vegetables – snake – beans – monkey – cat – pink – bread – eyes – nose – donkey – brown – sheep.

> **MÉTHODE**
> - Classe d'abord les mots que tu connais puis cherche les autres dans un dictionnaire Anglais / Français.
> - Recopie-les sans fautes.

Parts of the body	Colours	Food	Animals
....	....	....	....
....	....	....	....
....	....	....	....
....	....	....	....
....	....	....	....

Sciences

9 Relie par une flèche les déchets à leur bac poubelle.

11 Transformer

CE QUE TU SAIS DÉJÀ
- lire des documents, repérer des informations dans un texte, un document, une carte et les modifier selon la consigne donnée ;
- décomposer des nombres.

EN 6ᵉ, TU DEVRAS
- apprendre à repérer des informations plus précises, à les confronter, à les analyser selon des données et leur langage spécifique ;
- maitriser différentes écritures des nombres (décimaux, fractions) ;
- te familiariser avec des ordres de grandeurs utilisés dans la vie courante.

CONSEILS PARENTS
Profitez de déplacements pour consulter avec votre enfant une carte routière, lui faire chercher un trajet sur Internet ou régler le GPS.

Géographie

1 **EXERCICE GUIDÉ**
Observe ces deux cartes géographiques, de la même région (le stade Gerland à Lyon), à des échelles différentes, puis réponds aux questions.

carte 1 au 1/14 000   carte 2 au 1/7 000

44

> **MÉTHODE**
> Pour étudier une carte, tu dois :
> - pouvoir situer le pays, la région ;
> - rechercher l'échelle, c'est-à-dire le rapport entre la distance sur la carte et la distance réelle sur le terrain.
>   Exemple : *une carte au 1/10 000 signifie que 1 cm sur la carte = 10 000 cm = 100 m sur le terrain* ;
> - décoder la légende (les signes représentés sur la carte y sont expliqués) ;
> - grâce à ces signes et à la légende, tu peux repérer les surfaces bâties, les voies de communication, les espaces verts, la répartition de la population.

a) Quelle transformation observes-tu entre les deux cartes ?

....

....

b) Quelle distance représente 1 cm :

Sur la carte 1 ? ....   Sur la carte 2 ? ....

c) Repère le terrain de sport puis mesure l'intérieur du stade sur les deux cartes.

Sur la carte 1 ? ....   Sur la carte 2 ? ....

Combien mesure-t-il en réalité ? ....

d) Calcule la distance, à vol d'oiseau, entre le point A et le point B sur la carte 1. ....

....

e) Pour chaque carte, réalise un croquis du paysage à l'aide d'un papier calque.

Qu'observes-tu de différent sur les deux cartes ?

> **MÉTHODE**
> - Pose le papier calque sur la carte 1.
> - Colorie en rouge les zones habitées, en vert les espaces verts, en bleu le fleuve.
> - Fais la même chose sur la carte 2.

Français

2 Transforme les phrases suivantes selon les consignes.

> **MÉTHODE**
> - Lis attentivement chaque consigne et identifie la transformation demandée.
> - Aide-toi d'un livre de grammaire.
> - Tu peux supprimer certains mots ou les déplacer si nécessaire.
> - Modifie la ponctuation quand c'est utile.
> - Relis toujours la phrase de départ et celle que tu as produite et compare-les.

11

Phrase de départ	Transformation	Phrase transformée
Christophe Colomb a découvert l'Amérique en 1492.	voix passive	....
« Viens par ici Victor », cria la nounou.	discours indirect	....
Une poule égarée dans le bois se trouva soudain face à un renard rusé et affamé qui l'observait en se léchant les babines.	pluriel	....
Votre professeur ne tolère pas les erreurs d'orthographe dans les devoirs.	affirmative interrogative	....
La voiture était toujours conduite par un chauffeur en livrée.	voix active	....
Le Petit Chaperon rouge dit alors à sa grand-mère : « Oh ! Grand-Mère, comme vous avez de grandes dents ! »	discours indirect	....
J'ai toujours porté la moustache et je la porterai toujours.	négative	....
Comment écrivez-vous des chevaux, des perdrix, des bocaux pleins de noix et des yeux bleus ?	singulier	....

3. Réécris ce texte à la 3ᵉ personne du pluriel.

> **MÉTHODE**
> - Lis le texte au moins deux fois pour bien le comprendre.
> - Vérifie dans le dictionnaire le sens des mots que tu ne connais pas.
> - Identifie à quelle personne ce texte est écrit en soulignant les indicateurs de personne : pronoms, déterminants.
> - Surligne les verbes qui vont changer de personne et identifie leur temps de conjugaison.
> - Une fois transformé, relis ton texte très attentivement. Vérifie bien tous les accords.

Il sauta au bas de la terrasse. Ses chaussures noires s'enfoncèrent dans le sable épais et la chaleur le frappa brutalement. Soudain conscient du poids de ses vêtements, d'un seul mouvement brusque il enleva chaussures et chaussettes. D'un bond il remonta sur le talus, retira sa chemise et se tint entre les noix de coco en forme de crânes, la peau moirée par les ombres vertes des palmiers et de la forêt. Il défit sa boucle de ceinture, enleva prestement sa culotte et son caleçon et resta nu, le regard fixé sur l'étendue éblouissante de sable et d'eau...

William Golding, *Sa Majesté des Mouches*, traduction Lola Tranec, © Éditions Gallimard (1954).

Maths

4 Entoure le nombre qui correspond à la décomposition.

50 000 + 7 000 + 300 + 2 → 5 302 / 57 320 / 57 302

$(4 \times 1\,000) + (3 \times 100) + (6 \times 10)$ → 436 / 4 360 / 4 630

$(6 \times 10^4) + (3 \times 10^3) + (2 \times 10^2)$ → 6 320 / 63 020 / 63 200

10 + 0,3 + 1,2 + 0,09 → 11,59 / 10,59 / 10,429

5 Entoure la ou les décompositions qui correspondent au nombre proposé.

7 231 →
- 7 000 + 200 + 30 + 1
- $(7 \times 1\,000) + (2 \times 100) + 31$
- $(7 \times 10^2) + (23 \times 10) + 1$

4,637 →
- $4 + \dfrac{6}{10} + \dfrac{3}{100} + \dfrac{7}{100}$
- 4 + 0,6 + 0,037
- 4,6 + 0,03 + 0,007

53 029 →
- $(53 \times 1\,000) + (2 \times 100) + 9$
- $(5 \times 10^4) + (3 \times 10^3) + (2 \times 10^1) + 9$
- 50 000 + 3 000 + 20 + 9

Arts plastiques

Observe cette Tour Eiffel dessinée sur un quadrillage. Reproduis-la sur le quadrillage déformé. Aide-toi des nœuds, des lignes et des diagonales.

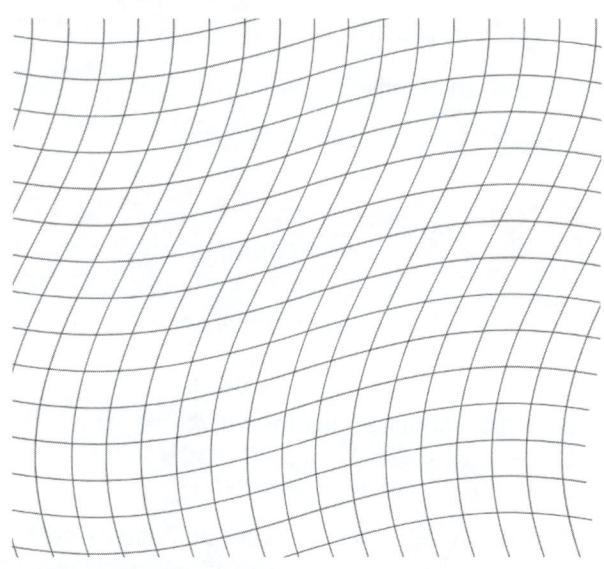

12 Agrandir – Réduire

CE QUE TU SAIS DÉJÀ
- passer d'un texte simple à un texte enrichi d'adjectifs, de compléments ;
- inversement, réduire un texte pour le rendre minimal ;
- décomposer des nombres, convertir des unités de grandeurs.

EN 6ᵉ, TU DEVRAS
- apprendre à résumer un texte en en respectant le sens ou à produire des textes complets et riches ;
- savoir utiliser et convertir les unités des grandeurs rencontrées, connaitre l'effet d'un agrandissement ou d'une réduction sur ces grandeurs.

CONSEILS PARENTS
Sollicitez votre enfant dans des situations de la vie courante : pour calculer des quantités, des proportions, estimer des tickets de caisse...

Français

1 EXERCICE GUIDÉ

a) Enrichis les phrases suivantes.

MÉTHODE
Pour enrichir une phrase :
- tous les mots de la phrase doivent être conservés mais ils peuvent être déplacés ;
- tu peux préciser le groupe verbal et enrichir le groupe nominal ;
- tu peux relier les compléments avec des conjonctions de coordination ou de subordination.

Exemple : *Il enfourcha son vélo.* → *Il enfourcha rapidement son vélo de course bleu.*

J'ai cueilli des fleurs. ....

Es-tu allé au cinéma ? ....

b) Réduis les phrases suivantes.

MÉTHODE
C'est l'exercice inverse : donc tu supprimes tout ce qui n'est pas essentiel.

Exemple : *Le vent violent renversa les pots de céramique qui contenaient de magnifiques fleurs.*
→ *Le vent renversa les pots.*

Elle enfila, radieuse, une robe verte assortie à ses yeux.

....

En prévision de l'effort, il avala un copieux petit déjeuner composé de céréales, de lait et de fruits.

....

c) **Lis ce texte puis résume-le sans en changer le sens.**

> **MÉTHODE**
> - Pour résumer un texte, lis-le attentivement pour en comprendre le sens général puis dégage le sens des différents paragraphes.
> - Cherche dans le dictionnaire les mots que tu ne connais pas.
> - Barre au crayon les éléments du texte qui ne te semblent pas indispensables (les compléments qui ne sont pas dans le groupe verbal, les compléments circonstanciels qui peuvent être supprimés).
> - Ensuite, réécris le texte restant, relis-le pour t'assurer que tu en as gardé l'essentiel. Tu peux être amené(e) à modifier légèrement l'organisation des phrases pour qu'elles soient correctes.

★★★

Le triomphe de Maud Fontenoy

Le 14 mars 2007, après la traversée de l'Atlantique en 2003 et celle du Pacifique en 2005, Maud Fontenoy vient de boucler son tour du monde à l'envers. Elle a rallié La Réunion après 150 jours de difficile navigation dans un océan souvent déchainé.

La navigatrice, presque trentenaire, aura ainsi fait preuve d'un grand courage et de ténacité. En effet, après avoir subi une énorme tempête dans l'océan Indien qui causa de graves avaries à son superbe voilier, elle a refusé tout secours, préférant réparer seule les avaries avec les moyens du bord et achever sa traversée en solitaire, sans escale et contre les vents et courants dominants. L'océan Indien n'a pas brisé sa volonté.

★★★

Maths

2 **Observe les figures géométriques A et B. Trace des figures C et D deux fois plus petites. Puis trace la figure F, deux fois plus grande que la figure E.**

> **MÉTHODE**
> Agrandir, c'est rendre plus grand. Réduire, c'est rendre plus petit.
> Quand tu agrandis ou réduis, tu dois te demander :
> - Qu'est-ce que je veux changer ?
> - Qu'est-ce qui change automatiquement ?
> - Qu'est-ce qui ne change pas ?

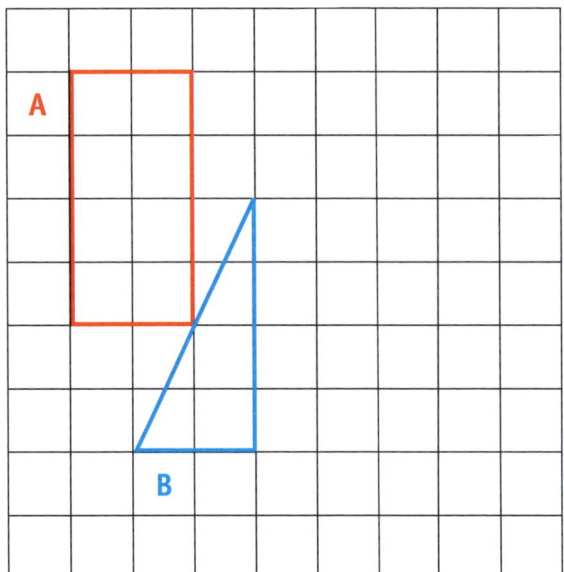 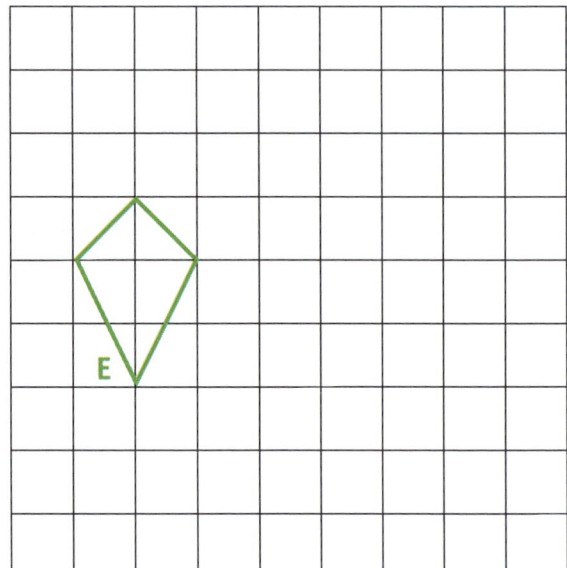

Que veux-tu changer ? ....

Qu'est-ce qui ne change pas ? ....

....

Qu'est-ce qui change ? ....

3 Résous le problème de proportionnalité.

> **MÉTHODE**
> Tu reconnaitras une situation de proportionnalité de la façon suivante :
> dans un tableau, deux suites de nombres sont proportionnelles quand on peut passer de l'une à l'autre par la fonction numérique « multiplier par » ou « diviser par ».
> Cette fonction ⊗ ou ⊙ est le coefficient de proportionnalité.

Pour appeler un service de téléphonie, tu devras débourser 0,34 € la minute. La conversation dure une première fois 12 min, la seconde fois 18 min.

Complète ce tableau de proportionnalité pour connaître le montant de la dépense.

1 min	2 min	6 min	10 min	12 min	18 min
0,34 €					

Montant total de la dépense : ....

4 Calculs.

> **MÉTHODE**
> - Utilise les techniques de calcul réfléchi que tu connais.
> - Observe bien les nombres et les signes des opérations.
> - Prévois l'ordre de grandeur de tes réponses et compare-le au résultat obtenu.
> - Pour les opérations posées, aligne les chiffres en colonne en fonction de leur classe.
> - Vérifie chacune de tes opérations.

a) Calcule sans poser d'opérations.

La moitié de : 240 360 700 29 73	
Le quart de : 600 120 80	
Le double de : 7,5 45,5 75,5	
68 + 53 468 + 53 1 600 + 3 400	
50 − 13 31 − 18 450 − 180 257 − 29	
25 × 12 35 × 19 15 × 16	
0,9 × 7 0,6 × 5 1,2 × 4 1,2 × 8	
2 500 × 1 000 440 × 100 1,8 × 10 5,5 × 100	
48 × 0,5 110 × 0,5 1 500 × 0,5	

b) Calcul approché : entoure la valeur la plus proche du résultat.

124 × 12	150	14 800	1 488	1 500
715 × 27	1 900	14 000	20 000	190 000
270 : 4	650	65	60	
6 052 : 17	35	95	355	
18,2 × 31,9	5 800	580	58 000	58

c) Pose et calcule les opérations suivantes sur une feuille.

37,4 + 53,27   40,15 − 6,62   197,2 − 88,36   352 × 508   167,24 × 48   7 843 : 27

Carrés magiques

Dans un carré magique, on obtient toujours la même somme quand on additionne les nombres de chaque ligne, de chaque colonne et de chaque diagonale.

Complète le 1er carré, puis le 2e carré en t'inspirant du 1er.

16		
11	15	
12		10

48		

13 Raisonner

CE QUE TU SAIS DÉJÀ
- faire des hypothèses, raisonner, tirer des conclusions de certaines informations d'une manière logique, en utilisant des indices ou des règles ;
- gérer des données, identifier et prévoir un résultat.

EN 6e, TU DEVRAS
- lire et comprendre des textes de différentes natures ;
- maitriser des écritures numériques, justifier, argumenter, élaborer des déductions logiques, des raisonnements de cause à effet.

CONSEILS PARENTS
Proposez à votre enfant de résoudre des énigmes ou des sudokus adaptés à son âge, afin qu'il s'entraine à faire des hypothèses, à raisonner pour trouver les solutions.

Maths

PROBLÈMES GUIDÉS

1 **Lis et résous le problème suivant.**

Zoé et Martin veulent installer 4 étagères pour y ranger des livres et des dictionnaires.
Les étagères devront mesurer 26 cm en largeur et 70 cm en longueur.
Chacun calcule les dimensions de la planche qu'il faut acheter.
Zoé dit qu'il faut une planche de 1 m sur 0,90 m.
Martin pense qu'une planche de 0,80 m sur 0,90 m suffira.

a) Quelle est la planche qui convient ?

> **MÉTHODE**
> En respectant les proportions (exemple : 10 cm sur ta feuille = 100 cm = 1 m), trace les 2 planches prévues puis essaie de disposer sur chacune, en les dessinant, les 4 étagères prévues. Tu peux aussi fabriquer des gabarits en carton des 4 planches que tu pourras bouger pour trouver la meilleure solution.

....
....
....

Martin veut ranger les ouvrages suivants :
68 livres de 3 cm d'épaisseur et 9 dictionnaires de 5,5 cm.

b) Pourra-t-il les placer sur les 4 étagères ?　　oui　　non

c) Aura-t-il de la place pour y ranger d'autres livres de 2 cm d'épaisseur ?　　oui　　non

d) Si oui, combien ?

2 ❏　　　　10 ❏　　　　13 ❏　　　　16 ❏　　　　autre ❏ .....

2 Lis et résous le problème suivant.

Dans un jeu de société, il y a 32 pièces de monnaie (imaginaire) en kwan (K).
Il n'y a que des pièces de 2 kwans et de 5 kwans.
Avec ces 32 pièces, il y a 97 kwans dans la caisse du jeu.

Combien y a-t-il de pièces de 2 kwans et de pièces de 5 kwans dans ce jeu ?

Le problème a été résolu de deux manières différentes par deux groupes d'élèves. Observe.

1ᵉʳ groupe	2ᵉ groupe
10 × 5 = 50	 25
~~10 × 5 = 50~~	⑤⑤⑤⑤⑤ 25
10 × 2 = 20	②②②②② 10
10 × 2 = 20	②②②②② 10
1 × 5 = 5	②②②②② 10
1 × 2 = 2	②②②②② 10
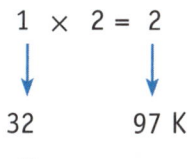	⑤② 7
32 97 K	
pièces	

Les deux groupes trouvent-ils la même réponse au problème ?   oui   non
Rédige la solution du problème.

> **MÉTHODE**
> • Redis avec tes propres mots ce qu'il faut chercher.
> • Refais oralement la démarche de chaque groupe.
> • Écris la solution la plus claire et la plus précise possible.
> • Vérifie qu'elle répond bien à la question posée.

....
....
....
....
....

13

 **Français**

3 Dans le texte ci-dessous, les lignes (et non les phrases) sont écrites dans le désordre. Remets-les en ordre pour reconstituer l'histoire. La première ligne est déjà numérotée.

MÉTHODE
- Lis plusieurs fois le texte tel qu'il t'est donné.
- Observe très attentivement les mots et les signes de ponctuation à la fin des lignes et prends-les en compte pour remettre les lignes dans l'ordre.
Exemple : un nom féminin singulier peut être suivi par un adjectif féminin singulier, un pronom peut être suivi par un verbe, un point sera suivi par un mot commençant par une majuscule...
- Commence ta lecture par la ligne n°1 puis cherche les autres et numérote-les au fur et à mesure au crayon à papier.
- Contrôle toujours le sens de ce que tu reconstruis en te relisant très fréquemment.

	secrète pour nos bonbons et autres petits
	ajoutant ou en retirant parfois quelque chose.
	attendions tous les cinq que la salle de classe se fut vidée, puis
1	Mes quatre camarades et moi avions découvert une lame de parquet
	trésors une souris morte. C'était une découverte
	d'oiseau. Tous les après-midis, une fois la dernière leçon terminée, nous
	disjointe au fond de la salle de classe et, lorsque nous l'avions
	excitante. Twaites la saisit par la queue et l'agita devant nos visages.
	Un jour, ayant soulevé la planche, nous vîmes, gisant parmi nos
	nous soulevions la lame de plancher pour examiner notre trésor, y
	Cet endroit, nous décidâmes qu'il nous servirait de cachette
	soulevée à l'aide d'un canif, nous avions trouvé en dessous un grand espace creux.
	trésors tels que marrons, cacahuètes et œufs

Ce texte est extrait du roman de Roald Dahl, *Moi, Boy*, traduction Janine Hérisson, © Éditions Gallimard (1984).

 **Logique**

MÉTHODE
À partir d'un raisonnement logique établi avec différentes informations, tu dois résoudre une énigme. Un tableau à remplir t'aide à porter tes déductions.
Tu y écris un **V** lorsque l'information est vraie, un **F** si elle est fausse. Ensuite, écris tes conclusions.

4. L'énigme est la suivante :

Cinq enfants, Léo, Youssef, Marie, Anna et Paul passent leurs vacances ensemble.

Youssef et Marie ont le même âge.

Deux enfants sont plus âgés qu'eux et ont 2 ans de plus que Léo qui est le plus jeune.

C'est un garçon qui habite Nice.

Léo et Paul n'habitent pas Nice.

Anna n'habite ni Brest ni Nice.

Aucun des enfants plus âgés n'habite Nancy.

Le plus jeune n'habite ni Brest, ni Lille, ni Nancy.

Tu dois découvrir l'âge et la ville de chacun.

MÉTHODE
- Reporte en premier les informations qui te sont données et pour lesquelles tu ne te poses aucune question. *Exemple : Léo est le plus jeune.*
- Reporte ensuite les informations que tu déduis immédiatement. *Exemple : Le plus jeune n'habite ni...*
- Enfin, dis ce que tu déduis grâce au tableau. Vérifie avec l'énigme posée.

	Âge			Ville				
	9 ans	10 ans	11 ans	Paris	Nice	Lille	Nancy	Brest
Léo								
Youssef								
Marie								
Anna								
Paul								

Léo a .... ans et habite à ....   Youssef a .... ans et habite à ....

Marie a .... ans et habite à ....   Anna a .... ans et habite à..................

Paul a .... ans et habite à ....

Énigme

Dans un pré, des poules se promènent au milieu des vaches.

Le paysan compte en tout 36 têtes et 102 pattes.

Quel est le nombre de poules et de vaches ?

Tu dois appliquer la méthode de l'essai / erreur.

Tu imagines un nombre logique de poules ou de vaches et tu fais les calculs.

Si le nombre est inexact, tu rectifies et tu imagines d'autres hypothèses.

....
....
....

14 Présenter son travail et se corriger

CE QUE TU SAIS DÉJÀ
- soigner et présenter ton travail selon un code défini par l'enseignant ;
- utiliser un code de correction.

EN 6ᵉ, TU DEVRAS
- accéder à un niveau d'autonomie dans ton travail : ordonner, organiser et soigner la présentation sachant que celle-ci peut être différente selon les disciplines ;
- savoir revenir sur ton travail pour l'améliorer ou le corriger.

CONSEILS PARENTS
Valorisez un travail soigné, bien présenté.

PRÉSENTER SON TRAVAIL

1 Voici les consignes de présentation des leçons données par un professeur.

a) Indiquer le sujet et le numéro de la leçon en haut à droite de la feuille.
b) Sauter une ligne.
c) Écrire le titre en rouge et le centrer.
d) Sauter une ligne.
e) Copier la leçon sans erreur.
f) Souligner les mots importants.
g) Aller à la ligne pour copier les exemples.
h) Se relire attentivement.

Répertorie les erreurs commises par les trois élèves (indique les erreurs par leur lettre).

MÉTHODE
- Vérifie le travail de chaque élève consigne après consigne et note les erreurs au fur et à mesure.
- Copie la leçon en prenant en compte chaque consigne.

Marine	Camille	Clément
Orth. N° 9	Orth. N°9	L'accord dans le groupe nominal (1)
L'accord dans le groupe nominal (1)	L'accord dans le groupe nominal (1)	
Les mots qui composent un groupe nominal s'accordent en genre (masculin, féminin) et en nombre (singulier, pluriel). Le déterminant commande les accords. Exemples : La jolie route serpente à travers les prés fleuris. Quelle délicieuse amie qui te rend des services inestimables !	Les mots qui composent un groupe nominal s'accordent en genre (masculin, féminin) et en nombre (singulier, pluriel). Le déterminant commande les accords. Exemples : La jolie route serpente à travers les prés fleuris. Quelle délicieuse amie qui te rend des services inestimables !	Les mots qui composent un groupe nominal s'accordent en genre (masculin, féminin) et en nombre (singulier, pluriel). Le déterminant commande les accords. Exemples : La jolie route serpente à travers les prés fleuris. Quelle délicieuse amie qui te rend des services inestimables !

Erreurs commises par Marine : ....

Erreurs commises par Camille : ....

Erreurs commises par Clément : ....

À ton tour, recopie la leçon sur une feuille en suivant bien les consignes.

Français

2 Lis le texte et complète les blancs avec les propositions qui te sont faites. Souligne, quand c'est possible, le ou les indices qui t'ont aidé(e) à choisir.

> **MÉTHODE**
> - Lis le texte attentivement.
> - Observe bien les propositions qui te sont faites et applique les règles que tu connais pour choisir la réponse juste (Exemple : *le verbe s'accorde avec le sujet...*).
> - Relis-toi et commente tes réponses pour toi-même.

Les trois plumes

Il était une .... (foi / fois / foie) un roi qui avait trois fils dont deux .... (était / étaient) instruits et intelligents, mais le troisième ne parlait guère, il était un peu .... (sinple / simple) d'esprit, et tout le monde l'.............. (appelait / appelaient) Simplet. En vieillissant, le roi qui sentait ses forces décliner et .... (songait / songeait / songuait) à sa mort prochaine, ne savait pas auquel de .... (ces / c'est / ses) trois fils il devait laisser son trône. Il leur dit :

– Partez, et celui de vous trois qui saura me rapporter le plus fin .... (tapi / tapis) sera roi .... (à / a) ma suite.

Pour éviter toute dispute et tout embarras entre les trois fils, le roi les .... (conduisis / conduisit) lui-même jusqu'à la porte du château en leur disant :

– Je vais jeter trois .... (plumes / plume) en l'air et souffler dessus, chacun de vous devra aller dans la direction que sa plume aura prise...

D'après un conte des frères Grimm.

3 Lis le texte puis demande à un adulte de te le dicter.

> **MÉTHODE**
> - Lis le texte pour en comprendre le sens. Relis-le pour en repérer les difficultés.
> - Repère l'orthographe des mots en les apprenant par cœur, en les épelant à haute voix, en les écrivant ou en les reliant à des mots de la même famille.
> - Repère les difficultés grammaticales, les accords, la terminaison des verbes, les homonymes.
> - Demande à un adulte de te le dicter puis relis-toi pour corriger tes éventuelles erreurs.

★★★

Moi, je crois que la grammaire, c'est une voie d'accès à la beauté. Quand on parle, quand on lit ou quand on écrit, on sent bien si on a fait une belle phrase ou si on est en train d'en lire une. On est capable de reconnaître une belle tournure ou un beau style. Mais quand on fait de la grammaire, on a accès à une autre dimension de la beauté de la langue. Faire de la grammaire, c'est la décortiquer, regarder comment elle est faite, la voir toute nue, en quelque sorte. Et c'est là que c'est merveilleux : parce qu'on se dit : « Comme c'est bien fait, qu'est-ce que c'est bien fichu ! », « Comme c'est solide, ingénieux, riche, subtil ! ».

Muriel Barbery, *L'Élégance du hérisson*, © Éditions Gallimard (2007).

★★★

Maths

4 Effectue les opérations suivantes sur une feuille.

> **MÉTHODE**
> - Pose l'opération.
> - Vérifie que le résultat est possible en cherchant un ordre de grandeur approximatif.
> - Compare ton résultat et l'ordre de grandeur.

Les opérations	Entoure un résultat approximatif.	Entoure le résultat exact.
4,76 × 2,4	Proche de 10	1 132,4
	Proche de 100	11,324
	Proche de 1 000	1 032,4
864 : 4,5	Proche de 2 000	1 920
	Proche de 200	192
	Proche de 20	19,2
3 × (5 + 12 + 19)	Proche de 40	41
	Proche de 100	108
	Proche de 1 000	1 080

5 Résous le problème suivant.

Marie et Luc souhaitent passer deux semaines de vacances à l'hôtel « Les Palmiers » avec Léo, leur fils de 3 ans, du 29 juillet au 18 août. Ils hésitent entre deux catalogues.

Lequel des deux catalogues fait la meilleure proposition ?

> **MÉTHODE**
> - Lis attentivement l'énoncé en veillant à bien comprendre la situation.
> - Surligne les informations importantes : le nombre de personnes, l'âge de l'enfant, la date des vacances, leur durée.
> - Consulte les propositions des deux catalogues.
> - Au brouillon, calcule le prix de revient pour chaque adulte et pour l'enfant.
> - Réponds aux questions tout en présentant ton travail clairement.

- **Proposition du catalogue « Vacances heureuses »**

Le prix est donné par personne pour une semaine.

Dates	1re semaine avec avion	Semaine supplémentaire	1re semaine enfant de 2 à 12 ans	Semaine supplémentaire enfant
Du 01/07 au 28/07	680 €	410 €	450 €	215 €
Du 29/07 au 18/08	860 €	620 €	420 €	250 €
Du 19/08 au 25/08	680 €	410 €	475 €	215 €

- **Proposition du catalogue « Horizons »**

Le prix est donné par personne pour une semaine.

Dates	1re semaine avec avion	Semaine supplémentaire	1re semaine enfant de 2 à 6 ans	Semaine supplémentaire enfant de 2 à 6 ans
Du 01/07 au 28/07	790 €	680 €	320 €	gratuite
Du 29/07 au 18/08	980 €	730 €	450 €	gratuite
Du 19/08 au 25/08	870 €	720 €	380 €	gratuite

- **Catalogue « Vacances heureuses »** (Pose les opérations sur une feuille.)

Prix de 2 semaines pour un adulte : ....

Prix de 2 semaines pour Léo : ....

Prix de 2 semaines pour la famille : ....

- **Catalogue « Horizons »**

Effectue le même travail que précédemment.

....
....
....
....

- **Compare les prix et indique ton choix en faisant une phrase. Justifie.**

....
....
....
....

MÉTHODE
- Vérifie tes opérations, tire les traits à la règle.
- Relis les phrases, fais attention à ne laisser aucune faute.
- Assure-toi que tu as répondu aux questions posées. Souligne les résultats.

Mémo Chouette

GRAMMAIRE

1. La phrase

La phrase est un ensemble de mots qui a un sens.

- Elle commence par une majuscule et se termine par un point.
- La **phrase verbale** comporte un verbe conjugué :
  Elle vit à la campagne.
- La **phrase nominale** est construite autour d'un mot qui n'est pas un verbe :
  Quelle jolie maison !
- Une **phrase simple** comprend un seul verbe :
  La cheminée fume.
- Une **phrase complexe** comprend plusieurs verbes :
  Le chat s'étire et baille.

Il existe **quatre types** de phrases.

- La phrase déclarative :
  Le jardin est magnifique.
- La phrase interrogative :
  As-tu cueilli des fleurs ?
  Ne veux-tu pas venir avec nous ?
- La phrase exclamative :
  Quel parfum !
  Quelle histoire incroyable !
- La phrase impérative :
  Cueille ce muguet !
  Donne-moi la main !

Il existe **deux formes** de phrases.

- La forme affirmative :
  J'ai vu le jardinier.
- La forme négative :
  Je n'arroserai pas les fleurs aujourd'hui.

Il existe **deux tournures** (voix) de phrases.

- La tournure active :
  Le vent a renversé les pots de fleurs.
- La tournure passive :
  Les pots de fleurs ont été renversés par le vent.

2. Le verbe et son sujet

Le verbe **se conjugue** : il se transforme selon le temps, la personne, le mode.
On classe les verbes en **trois groupes** selon leur infinitif :

- 1er groupe :
  chanter, couper, parler…
- 2e groupe :
  finir, grandir…
  (1re personne du pluriel en *-issons*).
- 3e groupe :
  prendre, savoir, dormir + tous les verbes en *-ir* qui n'ont pas la 1re personne du pluriel en *-issons*.

Le verbe s'accorde **en genre** et **en nombre avec le sujet** :
je dors, il dort, ils dorment.

Plusieurs verbes peuvent s'accorder avec **un sujet** :
L'artiste chante et danse.

Un verbe au pluriel peut avoir **plusieurs sujets au singulier** :
Léa et Jules s'amusent.

- Le sujet d'un verbe peut être un nom (*Le chien aboie.*), un pronom personnel (*Elle rit.*), un groupe nominal (*Ces roses rouges embaument.*), un verbe à l'infinitif (*Grossir est mauvais pour la santé.*).

Mémo Chouette

CONJUGAISON

1er groupe	2e groupe	3e groupe
PRÉSENT		
Parler	Rougir	Boire
Je parle	Je rougis	Je bois
Tu parles	Tu rougis	Tu bois
Il/elle parle	Il/elle rougit	Il/elle boit
Nous parlons	Nous rougissons	Nous buvons
Vous parlez	Vous rougissez	Vous buvez
Ils/elles parlent	Ils/elles rougissent	Ils/elles boivent
IMPARFAIT		
Remercier	Nourrir	Faire
Je remerciais	Je nourrissais	Je faisais
Tu remerciais	Tu nourrissais	Tu faisais
Il/elle remerciait	Il/elle nourrissait	Il faisait
Nous remerciions	Nous nourrissions	Nous faisions
Vous remerciiez	Vous nourrissiez	Vous faisiez
Ils/elles remerciaient	Ils/elles nourrissaient	Ils/elles faisaient
FUTUR		
Envoyer	Bondir	Vivre
J'enverrai	Je bondirai	Je vivrai
Tu enverras	Tu bondiras	Tu vivras
Il/elle enverra	Il/elle bondira	Il/elle vivra
Nous enverrons	Nous bondirons	Nous vivrons
Vous enverrez	Vous bondirez	Vous vivrez
Ils/elles enverront	Ils/elles bondiront	Ils/elles vivront
PASSÉ SIMPLE		
Entrer	Finir	Boire
J'entrai	Je finis	Je bus
Tu entras	Tu finis	Tu bus
Il entra	Il finit	Il/elle but
Nous entrâmes	Nous finîmes	Nous bûmes
Vous entrâtes	Vous finîtes	Vous bûtes
Ils/elles entrèrent	Ils/elles finirent	Ils/elles burent
PASSÉ COMPOSÉ ET PLUS QUE PARFAIT*		
Arriver	Réussir	Prendre
Je suis/j'étais arrivé(e)	J'ai/avais réussi	J'ai/avais pris
Tu es/étais arrivé(e)	Tu as/avais réussi	Tu as/avais pris
Il/elle est/était arrivé(e)	Il/elle a/avait réussi	Il/elle a/avait pris
Nous sommes/étions arrivé(e)s	Nous avons/avions réussi	Nous avons/avions pris
Vous êtes/étiez arrivé(e)s	Vous avez/aviez réussi	Vous avez/aviez pris
Ils/elles sont/étaient arrivé(e)s	Ils/elles ont/avaient réussi	Ils/elles ont/avaient pris
IMPÉRATIF		
Parle, parlons, parlez !	Réussis, réussissons, réussissez !	Sens, sentons, sentez !
SUBJONCTIF PRÉSENT		
Compter	Frémir	Plaire
(que) je compte	(que) je frémisse	(que) je plaise
(que) tu comptes	(que) tu frémisses	(que) tu plaises
(qu') il/elle compte	(qu') il/elle frémisse	(qu') il/elle plaise
(que) nous comptions	(que) nous frémissions	(que) nous plaisions
(que) vous comptiez	(que) vous frémissiez	(que) vous plaisiez
(qu') ils/elles comptent	(qu') ils/elles frémissent	(qu') ils/elles plaisent

*(quelques autres participes de verbes du 3e groupe : fuir/fui ; peindre/peint ; écrire/écrit ; ouvrir/ouvert…)

Mémo Chouette

TECHNIQUES OPÉRATOIRES

1. Additionner, soustraire

Pour effectuer une addition ou une soustraction, il faut :

- écrire les nombres les uns en dessous des autres en alignant, en colonne, les chiffres de même rang et les virgules pour les nombres décimaux ;
- additionner ou soustraire les chiffres de chaque colonne, sans oublier les retenues et en commençant toujours par la colonne de droite.

a) Addition

```
  1 1 2              1 2 1   1
  4 2 5 6          1 5 9 , 2 9 8
+   9 3 7        + 3 4 7 , 5
+     4 8        +  7 8 , 9 5
  ───────          ─────────────
  5 2 4 1          5 8 5 , 7 4 8
```

4 256 + 937 + 48 = 5 241
159,298 + 347,5 + 78,95 = 585,748

b) Soustraction

Quand la partie décimale des deux nombres à soustraire n'a pas le même nombre de chiffres ou que l'un des deux nombres est un nombre entier, il est commode de compléter ces nombres avec des zéros. Les zéros ne changent pas la valeur du nombre.

```
  3 ¹⁶ 2 ¹⁵          9 ¹⁶ , ¹² ¹⁰ ¹⁰
-   1 9 ¹⁰ 8       - 13 18 , 12 17 5
  ───────            ─────────────
    2 7 1 7            5 7 , 9 2 5
```

3 625 − 908 = 2 717
96,2 − 38,275 = 57,925

2. Multiplier

a) Multiplier un nombre par 10, 100, 1 000...

Il suffit d'écrire 1, 2, 3... zéros à la droite de ce nombre ou de déplacer la virgule de 1, 2, 3... rangs vers la droite. Si la partie décimale n'a pas assez de chiffres, on ajoute le nombre de zéros nécessaires.

- 25 × 10 = 250   25 × 100 = 2 500
  25 × 1 000 = 25 000
- 3,75 × 10 = 37,5   3,75 × 100 = 375
  3,75 × 1 000 = 3 750

b) Multiplier un nombre entier par un nombre entier

```
      5 3 8
   ×  3 0 4
   ─────────
      2 1 5 2    → 538 × 4
+ 1 6 1 4 0 0    → 538 × 300
   ─────────
  1 6 3 5 5 2    → 538 × 304
```

538 × 304 = 163 552

c) Multiplier un nombre décimal par un nombre entier

```
   2 , 3 6   × 100 →    2 3 6
 ×     4 2           ×    4 2
 ─────────           ─────────
     4 7 2               4 7 2
 + 9 4 4 0           + 9 4 4 0
 ─────────           ─────────
   9 9 , 1 2  ← : 100   9 9 1 2
```

On effectue la multiplication comme si les deux nombres étaient entiers : c'est comme si on multipliait 2,36 par 100. Il faut donc, ensuite, diviser 9 912 par 100 pour obtenir le bon résultat.
2,36 × 42 = 99,12

3. Diviser

```
dividende                          diviseur
   M c d u  1/10 1/100      
   9 4 2 9           | 1 8
 - 9 0               | 5 2 3 , 8 3  ← quotient
   ─────             |
     0 4 2           | c d u , 1/10 1/100
   -   3 6           |
     ─────           |
       0 6 9         |
     -   5 4         |
       ─────         |
15 u =     1 5 0     |
150 dixièmes         |
         - 1 4 4     |
           ─────     |
6 dixièmes   0 0 6 0 |
= 60 centièmes       |
             -  5 4  | reste, toujours inférieur
             ─────   | au diviseur : 0,06 < 18
                0 6  |
```

9 429 : 18 = 523,83 et il reste 0,06
ou 9 429 = (18 × 523,83) + 0,06
523,83 est le quotient approché au centième près.

Mémo Chouette

GÉOMÉTRIE

1. Reconnaitre les propriétés des polygones et savoir les construire

a) Les quadrilatères

Carré

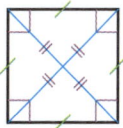

Aires : c × c

Rectangle

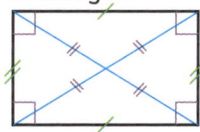

Aire : L × l

Losange

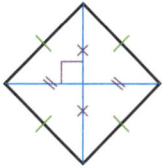

Aire : (D × d) : 2

Parallélogramme

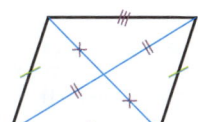

Trapèze

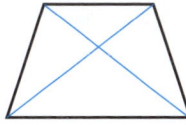

Cerf-volant

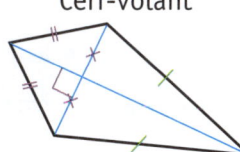

b) Les triangles

T. quelconque

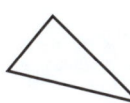

T. rectangle

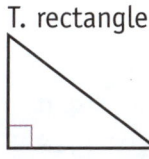

T. isocèle

T. équilatéral

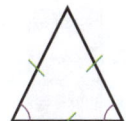

T. rectangle isocèle

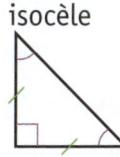

2. Reconnaitre les propriétés du cube et du parallélépipède

a) Le cube
6 faces carrées identiques
12 arêtes
8 sommets

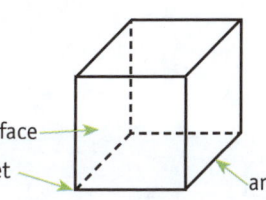

b) Le parallélépipède
6 faces rectangulaires identiques 2 à 2
12 arêtes
8 sommets

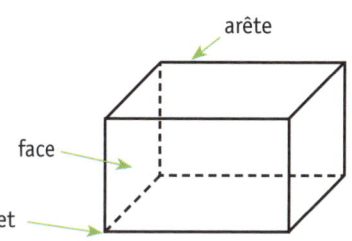

3. Le cercle et le disque

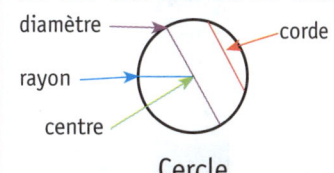

Cercle

disque

Tous les points du cercle sont à égale distance du centre. Pour calculer le périmètre du cercle, on multiplie le diamètre par 3,14.

4. Reconnaitre et construire des axes de symétrie

Une figure possède un axe de symétrie si, lorsqu'on la plie en deux, les deux parties se superposent exactement. Une figure peut ne pas avoir d'axe de symétrie ou en avoir 1, 2, 3, 4 ou une infinité.

Pas d'axe de symétrie

1 axe de symétrie

2 axes de symétrie

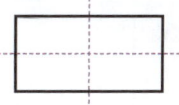

3 axes de symétrie

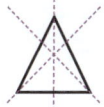

4 axes de symétrie

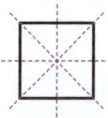

Une infinité d'axes de symétrie

63

Mémo Chouette

HISTOIRE

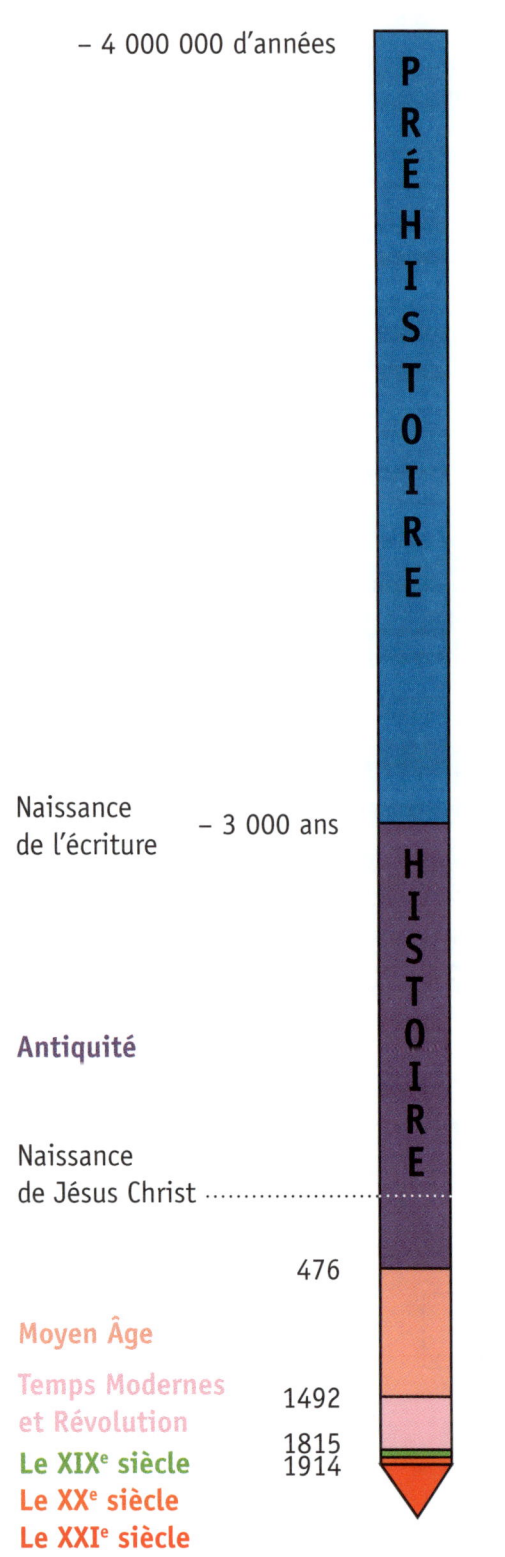

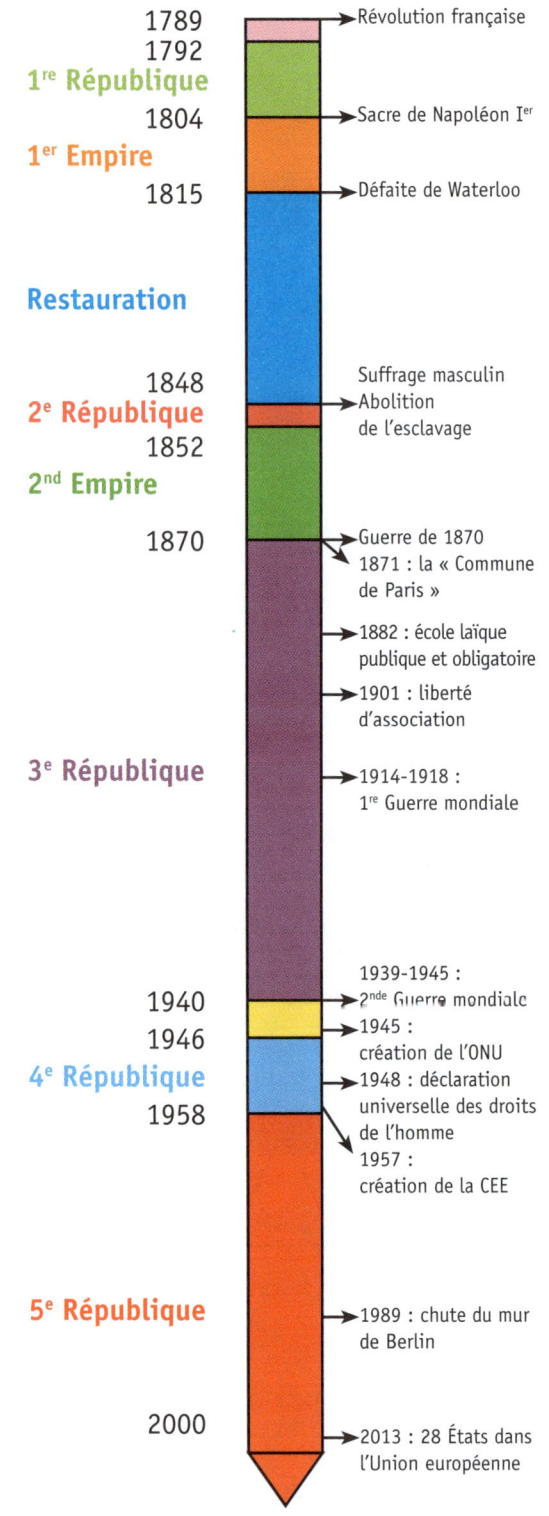

CORRIGÉS

Utiliser des outils . . . . p. 4

S'ORGANISER

1 b) L'anglais, car il y a cours d'anglais tous les jours.
c) Tu peux te faire aider dans ton travail le lundi, le jeudi et le vendredi (études dirigées).
d) Le mardi après-midi et le jeudi matin.
e) A2, B1, C1.

2 *Ajouter* : agenda.
Supprimer : livre et cahier de mathématiques.

FRANÇAIS

3 a) kaléidoscope. b) du latin. c) [senarjo]. d) nom.
e) masculin. f) Étalage que l'on fait d'une chose afin de se faire valoir. / Cérémonie militaire où les troupes en grande tenue défilent. g) Équitable, honnête, loyal.

4 J'en mettrais ma main au feu. = Je jurerais, j'en suis sûr.
Il n'y a pas le feu. = Soyez patient.
Mettre un pays à feu et à sang. = Ravager, saccager.
Jouer avec le feu. = Jouer avec le danger.
Ne pas faire long feu. = Ne pas durer longtemps.

GÉOMÉTRIE

5 a) A : non. B : oui, un angle droit.
c) Périmètre de A = Périmètre de B.
d) et e) Les deux figures ont chacune un périmètre de 13 cm.

6 Les deux quadrilatères à tracer auront chacun un angle droit, leur périmètre sera de 26 cm pour chacun.

> • Un angle droit mesure 90°. Il peut être identifié avec le côté droit de l'équerre. Il peut être mesuré avec un rapporteur.
> • Le périmètre est la ligne qui délimite le contour d'une figure plane, c'est aussi la longueur de cette ligne.
> • Un quadrilatère est un polygone à quatre côtés.

Unité 2

Apprendre et mémoriser . . . . . . p. 8

HISTOIRE

1 a) Les progrès techniques ☐5
Les grandes découvertes ☐4
La naissance du capitalisme ☐1
L'exode rural ☐3
La classe ouvrière ☐2
b) Révolution industrielle – capitalisme – travail à la chaine – syndicats – exode rural – progrès.
c) Pourquoi la machine à vapeur est-elle une découverte importante ? Pourquoi les industriels se regroupent-ils ? Qu'est-ce que le travail à la chaine ? Pourquoi les villes s'agrandissent-elles ? Quelles sont les grandes découvertes scientifiques ?

FRANÇAIS

2 b) *Vers qui commencent pareil* : Il pleut, il pleut / j'entends, j'entends.
Mots qui riment : berg**ère** / locot**ière** / sorc**ière**
mout**ons** / wag**ons** / vall**on** / civilisat**ion**
prai**rie** / locomot**rie**
c) *Les mots inconnus* : *locotière* et *locomotrie* n'existent pas, ce sont des jeux de mots sur *locomotive*.
f) Proposition :
Il neige sur les maisons
il neige sur les sapins
j'entends le téléphéron
et j'entends les copains

dans ce bout de chemin
tout juste une piste
j'aperçois un téléphérin
un téléphériste

il neige sur les maisons
il neige sur les sapins
c'est un sport de fond
le ski alpin.

MATHS

3 c) Il s'agit des tables de 9 - 6 - 8.

Comprendre des langages . . . . . p. 12

GÉOMÉTRIE

1 [AB] et [CD] sont parallèles. [AB] // [CD]
ABC est un triangle rectangle. AC ⊥ CB

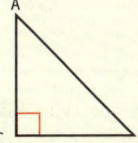

[OA] est le rayon du cercle. [OA] = **r**
[BC] est le diamètre du cercle. BC = **2r** = **d** = 2 cm

FRANÇAIS

2 Langage courant : volume, produit, sommet, pôle, rayon, plan, échelle, position, masse, opération.
Langage mathématique : volume, produit, sommet, rayon, plan, échelle, position, masse, opération.
Langage scientifique : volume, produit, pôle, masse.
Langage géographique : sommet, pôle, plan, échelle, position.

65

CORRIGÉS

3 **Volume :** bruit / livre / quantité.
Sommet : point le plus élevé d'une montagne / angle d'une figure géométrique.
Échelle : sorte d'escabeau / façon de représenter une carte / des distances.

4 Pour fréquenter l'école, l'enfant s'habille de façon convenable. Il porte généralement des sabots et un tablier boutonné à l'arrière, qui permet de ne pas se salir et de cacher les vêtements très usés de certains écoliers pauvres.
Dans son pupitre, il range quelques crayons de couleur, une gomme à effacer, une boîte à compas et, dans son plumier en carton, un porte-plume et des plumes de toutes les formes.

5 Pupitre : **n. m.** = nom masculin. Salir : **v.** = verbe. Généralement : **adv.** = adverbe. Usé : **adj.** = adjectif.

6 **n. f.** : nom féminin. **inv.** : invariable. **env.** : environ. **fam.** : familier. **conj.** : conjonction. **suff.** : suffixe.

7 Le vilain petit canard nageait dans la mare.
Sur sa belle bicyclette verte, Léa pédalait en chantant.
Les narcisses, les iris et les pensées fleurissaient joliment la terrasse.

8 Le cheval arriva (*passé simple de l'indicatif*) au petit trot.
Les fourmis avançaient (*imparfait de l'indicatif*), lourdement chargées de nourriture.
Non, je ne viendrai pas (*futur de l'indicatif*) ce soir, je suis fatigué (*présent de l'indicatif*) et je n'ai pas fini (*passé composé de l'indicatif*) mon travail.

GÉOGRAPHIE-HISTOIRE

9
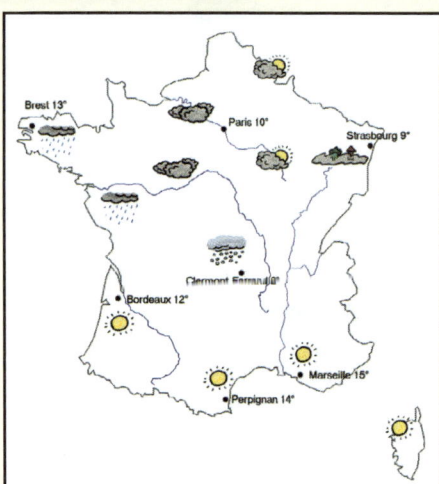

10 La couronne posée sur le siège. Le sceptre que Louis XIV tient dans sa main droite. Le manteau doublé d'hermine à fleurs de lys dorées. Le collier de l'ordre du Saint-Esprit.

Améliorer son langage .... p. 16

FRANÇAIS

1 **a)** Il s'agit d'un déménagement. **b)** On ressent une intense activité. **c)** *Par exemple* : Jeter – Empaqueter – Porter. **d)** Les mots utilisés sont des verbes à l'infinitif. **e)** Ils appartiennent au vocabulaire du bricolage. **f)** *Par exemple* : branchement – attacher – découpage – étirer – démontage. **g)** Voici une proposition qui utilise différents registres de langue.

Manger.	Avoir faim.
Se nourrir. Se sustenter.	Bouffer. Bâfrer. Béqueter.
Se goinfrer.	Gouter. Mâcher. Mastiquer.
Savourer. Se régaler.	Absorber. Déglutir. Avaler.
Consommer.	Digérer.

ARTS VISUELS

2 **a)** La scène se passe dans une station de métro. Cette indication est donnée par les plaques bleues « Correspondance », « Pte… ». On peut voir plusieurs personnages, debout, qui semblent attendre.
b) Le peintre est placé au-dessus des personnages, en plongée.
c) Il y a des hommes et des femmes. Les personnages ne sont pas souriants, semblent tristes et las. Aucun n'est vu en pied.
d) Il y a une dominante de bleu, d'ocre jaune et de rose dans ce tableau. Les couleurs sont éteintes. Seul le blanc du carrelage apporte une nuance claire.
e) L'impression qui se dégage du tableau est celle de l'attente, de l'ennui, de l'agacement.
f) Le titre pourrait être : « Dans le métro », « L'attente », « L'ennui ».

FRANÇAIS

3 Se faire souffler dans les bronches : se faire réprimander, gronder. / Mettre la puce à l'oreille : cela l'avait interpellé. / Un petit mot pépère : un mot insignifiant. / À la queue leu leu : à la suite, en file.

4 Casse-toi ! → Va-t-en !
Se casser le nez à la porte. → Trouver porte close.
Casser les pieds. → Ennuyer.
C'est un casse-cou. → Quelqu'un qui prend des risques.
Casser la croute. → Manger un en-cas.
Casser du sucre sur le dos de quelqu'un. → Calomnier, dire du mal de quelqu'un.

Énigme
Rendez-vous demain café des Halles à deux heures avec Karine. N'oublie pas de me rapporter les cours que je t'ai passés.

CORRIGÉS

Unité 5

Recopier et écrire .... p. 20

FRANÇAIS

1 **a)** De la Constitution. Vrai. Vrai. **b)** 5 phrases.
c) Constitution – la France – République – *la Marseillaise*.

MATHS

2

> • Les nombres sont invariables à l'exception de *vingt* et de *cent*. Exemples : cinq, huit…
> • *Cent* s'accorde s'il est multiplié et suivi d'aucun chiffre. Exemple : deux-cents.
> *Cent* est invariable s'il est suivi d'autres chiffres.
> Exemple : deux-cent-cinquante.
> • *Mille* est invariable. Exemple : trois-mille.
> • On met un trait d'union entre les chiffres.
> Exemple : quarante-huit.
> Si les éléments sont joints par « et », on met quand même un trait d'union. Exemple : cinquante-et-un.
> • Le nombre « quatre-vingts » s'accorde s'il n'est suivi d'aucun chiffre. Exemple : huit-cent-quatre-vingts.
> Il est invariable s'il est suivi d'autres chiffres.
> Exemple : quatre-vingt-dix.

21 : vingt-et-un. **22 :** vingt-deux. **24 :** vingt-quatre. **80 :** quatre-vingts. **260 :** deux-cent-soixante. **700 :** sept-cents. **1 000 :** mille. **3 000 :** trois-mille.

3 30 400. 2 024. Vingt-cinq-mille-deux-cents. Sept-milliards-trois-cent-trois-millions-cinq-cent-quatre-vingt-un-mille-cent-vingt. 133 002 088 111. Cinquante-cinq-milliards-vingt-quatre-millions-sept-mille-trois-cent-trente-trois. 1 000 100 000 Sept-millions-six-cent-quatre-vingt-dix-neuf-mille-un.

4 12 chiffres 1 ; 0 fois (cent-onze-milliards-cent-onze-millions-cent-onze-mille-cent-onze).
4 chiffres 5 ; 2 fois (quinze-milliards-**cinq**-millions-quatre-cent-quinze-mille-cent-vingt-**cinq**).

GÉOGRAPHIE

5 1. équateur / 2. hémisphère / 3. océan / 4. planisphère / 5. continent / 6. pôles / 7. relief / 8. désert / 9. France / 10. Europe.

Calligramme

La forme dessinée est celle d'une cravate.

Unité 6

Produire un texte .... p. 24

FRANÇAIS

1 **a)** Elle n'était pas plus grosse qu'un œuf. La petite prétentieuse. Non.
b) Les personnages sont une grenouille et un bœuf. La grenouille est envieuse et prétentieuse, le bœuf est moqueur. La grenouille voudrait être aussi grosse que le bœuf car elle croit que plus on est gros, plus on est respecté. Finalement, elle grossit tellement qu'elle éclate.

HISTOIRE

2 Tous les renseignements sont à chercher dans un dictionnaire, ton livre d'histoire, de sciences, sur Internet, dans une encyclopédie.

FRANÇAIS

3 Il n'y a pas de réponse juste unique à cet exercice. Tout texte élaboré à partir de la partie gauche et ayant un sens doit être considéré comme une réponse juste. Voici deux textes possibles. Le premier est le texte de l'auteur, le second est une autre proposition :

Texte 1
La concierge vint annoncer que la voiture était à la porte.
Toutes les filles suivirent Maia *dans la rue*,
mais à la vue de la femme *toute vêtue de noir qui était assise à l'arrière*,
raide comme un piquet, *les mains posées sur son parapluie*,
Maia tressaillit. C'était là *Mademoiselle Minton*,
la gouvernante qui devait *s'occuper d'elle pendant le voyage*.
« Comme elle a l'air *sévère* ! murmura Mélanie.
– Ma pauvre Maia !» *marmonna Hermione*.
Force était de reconnaître que cette *grande femme maigre* ressemblait plus à un *râteau ou un casse-noisettes* qu'à un être humain.

Extrait de *La Reine du fleuve*, Eva Ibbotson, © Éditions Albin Michel (2004).

Texte 2
La concierge vint annoncer que la voiture était à la porte.
Toutes les filles suivirent Maia *au comble de l'excitation*,
Mais à la vue de la femme *debout près de la portière du conducteur*,
Raide comme un piquet, *fixant intensément la porte par où sortaient les jeunes filles*,
Maia tressaillit. C'était là, *enfin devant elle*,
la gouvernante qui devait *la conduire chez ce grand-père inconnu*.
« Comme elle a l'air *étrange* ! chuchota Pauline.
– Ma pauvre Maia ! » *soupirèrent les autres filles*.
Force était de reconnaître que *ce personnage peu banal* ressemblait plus à un *épouvantail à moineaux* qu'à un être humain.

Unité 7

Se repérer dans l'espace et le temps .... p. 28

MATHS

1 **a)** 135 min = 60 min + 60 min + 15 min = 1 h + 1 h + 15 min = 2 h 15 min.
193 min = 60 min + 60 min + 60 min + 13 min = 1 h + 1 h + 1 h + 13 min = 3 h 13 min.
78 s = 60 s + 18 s = 1 min 18 s.
b) 5 × 60 = 300 ➔ 5 h = 300 min
20 × 60 = 1 200 ➔ 20 min = 1 200 s
240 : 60 = 4 ➔ 240 min = 4 h
c) 13 h + 7 h 15 min = 20 h 15.
20 h 15 – 6 h = 14 h 15.

67

CORRIGÉS

L'avion arrive à New York à 14 h 15 heure locale, alors qu'il est 20 h 15 à Paris.
d) 5 km² = 5 000 000 m²
1 cm² = 0,0001 m²
7 dm² = 0,07 m².

GÉOGRAPHIE

 a) L'Union européenne (28 pays en 2013).

b) d) e)

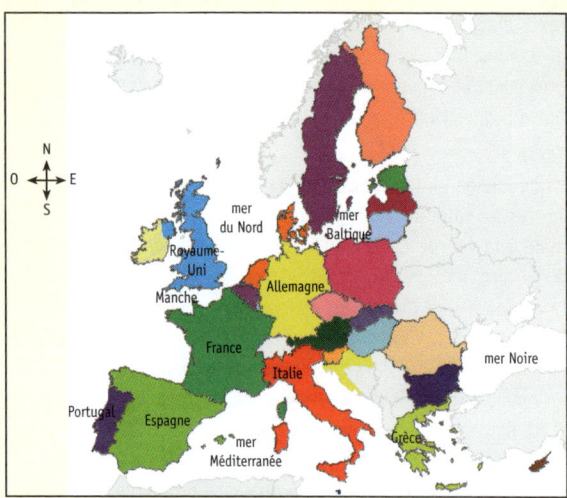

c) Belgique, Luxembourg, Allemagne, Suisse, Italie, Espagne.
d) On voit le nord de l'Afrique.

FRANÇAIS

 a) 3 personnages.
b) Le louveteau, la belette et la louve.
c) Les mots en rouge servent à nommer la belette. Les mots en bleu servent à nommer la louve.
Le jeune louveteau serait mort et son histoire aurait pris fin ici, si sa mère n'avait brusquement surgi des fourrés. La belette relâcha aussitôt sa prise pour se jeter à la gorge de la louve. Elle manqua sa cible, mais demeura suspendue à sa mâchoire. La louve secoua la tête en tous sens, fouettant l'air avec violence, et finit par projeter le petit corps jaune au-dessus d'elle. Avant même d'être retombée au sol, la belette fut happée au passage et broyée à mort par les crocs puissants.
d) La maison, la Bastide neuve, elle, une ancienne ferme en ruines, la maison, une villa, du bâtiment, lui.

Unité 8

Lire (1) .... p. 32

FRANÇAIS

1 a) Du parc de la Vanoise. b) D'amateurs de montagne et de nature. c) C'est un texte documentaire. d) Le texte fournit de nombreuses informations. Il est écrit à la troisième personne. Il est écrit au présent.

GÉOGRAPHIE-HISTOIRE

2 a) non. b) Il y a deux pleines mers en 24 h. c) Marées les plus fortes : 21 et 22 janvier, avec un coefficient de 96. Marées les plus faibles : 13 et 14 janvier, avec un coefficient de 34.

3 a) Cette affiche a servi à diffuser en France l'ordre de mobilisation générale lorsque la Première Guerre mondiale a été déclarée, le 2 août 1914.
b) Le message est mis en valeur avec de très gros caractères, en gras, centrés au milieu de l'affiche.
c) La mobilisation générale signifie que tous les hommes en âge de faire la guerre sont appelés à se présenter pour partir au combat.
d) Le drapeau français et les cachets des ministères.
e) Tous les hommes soumis aux obligations militaires.
f) L'armée réquisitionne, c'est-à-dire exige de récupérer, les animaux, les voitures et les harnais.

SCIENCES

4 1 : évaporation. 2 : condensation. 3 : formation des nuages. 4 : déplacement des nuages. 5 : précipitations. 6 : ruissellement. 7 : infiltration.

Unité 9

Lire (2) .... p. 36

ARTS VISUELS

1 a) La scène se passe dans un atelier de couture.
b) La composition : trois personnes disposées en triangle autour d'un personnage central.
c) Les personnages : quatre femmes opulentes, des couturières. L'une d'entre elles est assise devant une machine à coudre ; une autre, en robe bleue, est debout, des ciseaux à la main ; une autre encore, en robe rose tyrien, coud alors que la quatrième, de dos, range du tissu orange. Elles envahissent la toile, l'espace. Les proportions sont transformées, grossies.
d) Le décor : des rouleaux de tissu sur des étagères en bois, également grossies, énormes.
e) Les couleurs, vives, harmonieuses : bleu cobalt, rose, vert. Seule la femme du centre attire la lumière dans des tons naturels. Pas de lumière venant de l'extérieur : chaque personnage irradie sa propre lumière. Il n'y a aucune ombre.
f) Tu peux ressentir, peut-être, de l'amusement, du rejet, de la curiosité.
g) La légende te renseigne sur le nom du peintre, le titre, la date d'exécution et les dimensions de ce tableau, qui est assez grand.

MATHS

2 On sait que le père a **47 ans**.
47 + b + c = 116
b + c = 116 − 47
b + c = 69
On sait que b = 2 × c. On peut donc réécrire l'équation précédente :
b + c = 69
(2 × c) + c = 69
3 × c = 69
c = 69 : 3
c = 23
Le fils a donc **23 ans**.
On sait que b = 2 × c, donc b = 2 × 23, b = 46.
La mère a donc **46 ans**.

CORRIGÉS

3 a) Les dictionnaires.
b) Les BD.
c) 200 + 800 + 100 = 1 100. 1 100 romans policiers ont été vendus en un trimestre.
d) 600 + 300 + 800 = 1 700. 1 700 dictionnaires ont été vendus en un trimestre.

4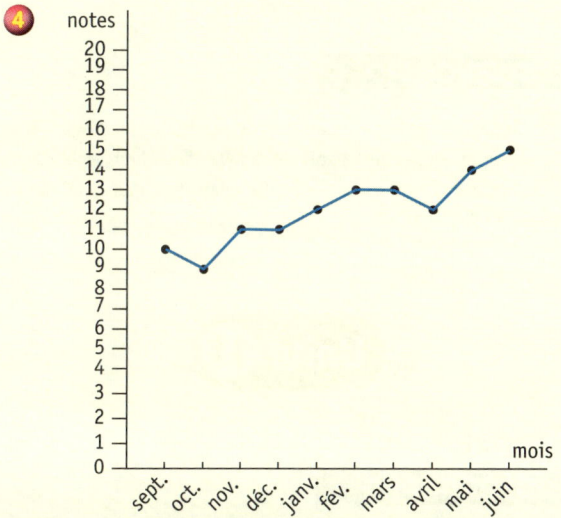

Les notes de Léa ont bien progressé tout au long de l'année.

5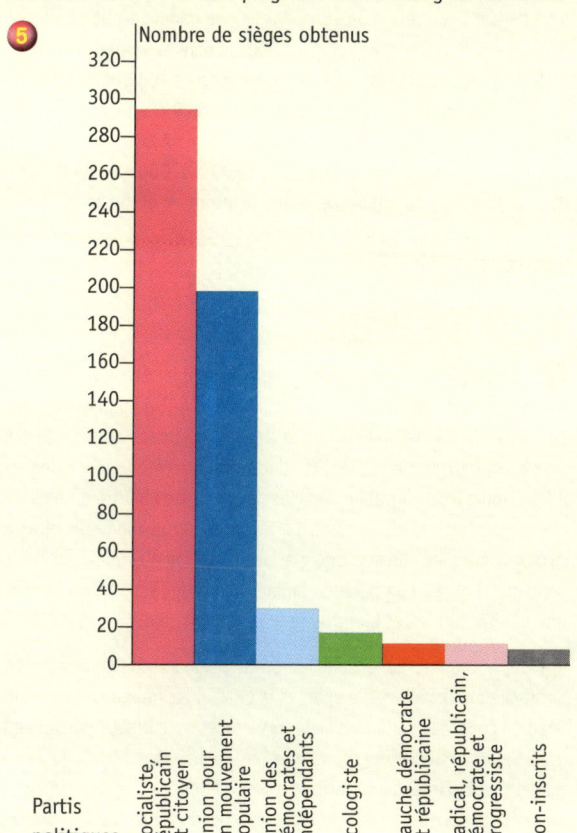

6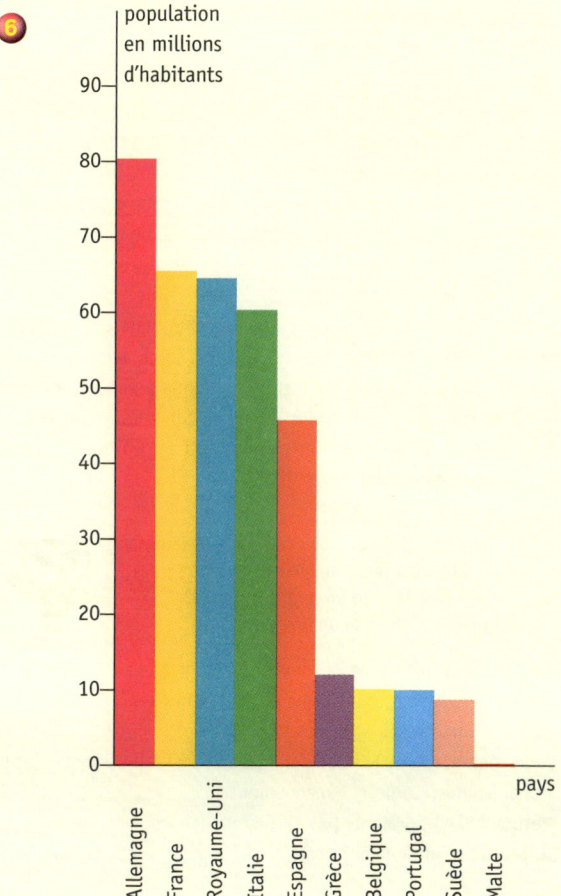

Unité 10

Classer – Comparer – Catégoriser .... p. 40

MATHS

1

	Classe des millions			Classe des mille			Classe des unités			Partie décimale		
	c	d	u	c	d	u	c	d	u	dixièmes	centièmes	millièmes
251 217					x							
7 524						x						
6 513 240				x								
213,500										x		
9,351												x

2 7 ⑤ 26 ④ 36 53 ④ 62,321 4 ⑧ 32 25 ⓪ 20 ① 35,03

3 a) **Nombres inférieurs à 1 :** 0,8 ; 0,5.
Nombres compris entre 1 et 3 : 2,45 ; 2,7 ; 1,27 ; 1,62 ; 2,05.
Nombres supérieurs à 3,5 : 3,64 ; 4,35 ; 3,75 ; 4,352.
b) 3,41 n'a pas sa place dans le tableau.
c) 0,5 < 0,8 < 1,27 < 1,62 < 2,05 < 2,45 < 2,7 < 3,41 < 3,64 < 3,75 < 4,35 < 4,352.

69

CORRIGÉS

FRANÇAIS

 Voici quelques exemples de phrases faites avec les mots proposés, mais il y a beaucoup d'autres possibilités. Dans une phrase, un mot peut être remplacé par un autre mot appartenant à la même classe grammaticale. Par exemple, dans la phrase 1, on peut remplacer « la porte » par « le portail » ou « la barrière », qui sont eux aussi des noms. Dans la phrase 2, on peut remplacer « porte » par « met ».

Évite de claquer la **porte** à chaque fois que tu sors. Il **porte** toujours des costumes sombres. Chaque été, tu **joues** au tennis dans ton club préféré. C'est un bébé avec de bonnes grosses **joues**. Les enfants des villes connaissent les animaux de la **ferme** grâce aux albums et aux documentaires. **Ferme** ce cahier et va te détendre. Un **couvent** est un édifice religieux. Les oiseaux **couvent** leurs œufs.

> Un nom peut être précédé d'un déterminant, un adverbe précise un verbe, un verbe peut être précédé d'un pronom personnel, un adjectif précise un nom.

Noms : (un) médicament, (mon) vêtement, (l') environnement, (un) dément, (ce) monument, (ton) appartement.
Adverbes : (parler) poliment, (marcher) rapidement, (dire) franchement, (vouloir) généralement.
Verbes : (Ils) dorment, (Elles) aiment, (Ils) résument.
Adjectifs : (un homme) dément, (un prince) clément.

❻ Lorsque tu as un doute pour préciser la nature d'un mot, fais comme dans l'exercice 4 : remplace-le par un autre mot de même nature que tu connais.

Le   peintre   ajouta   une   touche   de   couleur   sur   la
dét.   n.   v.   dét.   n.   prép.   n.   prép. dét.

toile, puis   il   contempla   attentivement   son   travail.
n.   adv.   pr.   v.   adv.   dét.   n.

GÉOMÉTRIE

❼
Portrait	Lettre	Pour en savoir plus
Je n'ai ni angles droits, ni côtés égaux, ni côtés parallèles. Qui suis-je ?	F	Je suis un quadrilatère.
On peut me décrire comme étant un carré sans angles droits.	E	Le losange.
Nous sommes trois. On nous appelle trapèzes.	C, D, G	Deux côtés parallèles.
De ces quatre figures, H, E, A, B, je suis la plus parfaite.	A	J'ai 4 angles droits, 4 côtés égaux et mes côtés sont parallèles 2 à 2.
Il me manque une propriété pour être totalement semblable à la figure H.	B	Il me manque 4 angles droits.
Des trois dont on a déjà parlé, on me dit quelconque.	C	Je n'ai ni angles droits, ni côtés égaux.

ANGLAIS

❽ **Parts of the body :** legs, arms, knees, neck, face, ears, hair, eyes, nose. **Colours :** blue, yellow, orange, green, black, white, pink, brown. **Food :** eggs, rice, tomato, orange, cheese, meal, fish, vegetables, beans, bread. **Animals :** cow, horse, bird, spider, hen, snake, monkey, cat, donkey, sheep.

SCIENCES

❾ Relier le pot en verre et la bouteille en verre à la 1re poubelle. Relier le carton, la brique de lait et la boite de conserve à la 2e poubelle. Relier la peau de banane, les fleurs fanées et l'assiette cassée à la 3e poubelle.

Transformer .... p. 44

GÉOGRAPHIE

❶ **a)** La carte 2 est un agrandissement de la carte 1.
b) 1 cm sur la carte 1 représente 14 000 cm dans la réalité, soit 140 m. 1 cm sur la carte 2 représente 7 000 cm dans la réalité, soit 70 m.
c) Sur la carte 1, le terrain de sport mesure 0,3 cm × 0,5 cm. Sur la carte 2, le terrain de sport mesure 0,6 cm × 1 cm. En réalité, la largeur du terrain est de 0,6 × 7 000 = 4 200 cm, soit 42 m. Sa longueur est de 1 × 7 000 = 7 000 cm, soit 70 m.
d) Sur la carte, la distance entre le point A et le point B est de 6 cm. Dans la réalité, cette distance est de 6 × 14 000 = 84 000 cm, soit 840 m.

FRANÇAIS

❷ L'Amérique a été découverte par Christophe Colomb en 1492. La nounou cria à Victor de venir par ici. Des poules égarées dans les bois se trouvèrent soudain face à des renards rusés et affamés qui les observaient en se léchant les babines. Votre professeur tolère-t-il les erreurs d'orthographe dans les devoirs ? Un chauffeur en livrée conduisait toujours la voiture. Le Petit Chaperon rouge dit alors à sa grand-mère qu'elle avait de grandes dents. Je n'ai jamais porté la moustache et je ne la porterai jamais. Comment écris-tu un cheval, une perdrix, un bocal plein de noix et un œil bleu ?

❸ Ils sautèrent au bas de la terrasse. Leurs chaussures noires s'enfoncèrent dans le sable épais et la chaleur les frappa brutalement. Soudain conscients du poids de leurs vêtements, d'un seul mouvement brusque ils enlevèrent chaussures et chaussettes. D'un bond ils remontèrent sur le talus, retirèrent leur chemise et se tinrent entre les noix de coco en forme de crânes, la peau moirée par les ombres vertes des palmiers et de la forêt. Ils défirent leur boucle de ceinture, enlevèrent prestement leur culotte et leur caleçon et restèrent nus, le regard fixé sur l'étendue éblouissante de sable et d'eau…

MATHS

❹ 57 302 ; 4 360 ; 63 200 ; 11,59.

❺ 7 000 + 200 + 30 + 1 et (7 × 1 000) + (2 × 100) + 31.
4 + 0,6 + 0,037 et 4,6 + 0,03 + 0,007.
$(5 \times 10^4) + (3 \times 10^3) + (2 \times 10^1) + 9$ et 50 000 + 3 000 + 20 + 9.

Arts plastiques

④ **a)** 120 ; 180 ; 350 ; 14,5 ; 36,5.
150 ; 30 ; 20.
15 ; 91 ; 151.
121 ; 521 ; 5 000.
37 ; 13 ; 270 ; 228.
300 ; 665 ; 240.
6,3 ; 3 ; 4,8 ; 9,6.
2 500 000 ; 44 000 ; 18 ; 550.
24 ; 55 ; 750.
b) 1 488 ; 20 000 ; 65 ; 355 ; 580.
c) 90,67 ; 33,53 ; 108,84 ; 178 816 ; 8 027, 52 ; 290,48.

Carrés magiques

16	9	14
11	13	15
12	17	10

48	27	42
33	39	45
36	51	30

Agrandir – Réduire .... p. 48

FRANÇAIS

① **a)** J'ai cueilli ce matin des fleurs blanches et roses. Es-tu allé au cinéma, hier soir ?
b) Elle enfila une robe. Il avala un copieux petit déjeuner.
c) Le triomphe de Maud Fontenoy
Le 14 mars 2007, Maud Fontenoy vient de boucler son tour du monde à l'envers. Elle a rallié La Réunion, après 150 jours de navigation.
La navigatrice aura ainsi fait preuve de courage et de ténacité. En effet, après avoir subi une tempête dans l'océan Indien, elle a refusé tout secours, préférant réparer seule les dégâts et achever sa traversée en solitaire, sans escale et contre les vents et courants dominants.

MATHS

② Que veux-tu changer ? La taille de A et de B, qui sera réduite de moitié, ainsi que la taille de E, qui sera doublée.
Qu'est-ce qui ne change pas ? La nature des figures : rectangle, triangle et losange. Le nombre de côtés. Les angles.
Qu'est-ce qui change ? La longueur des côtés. L'aire des figures.

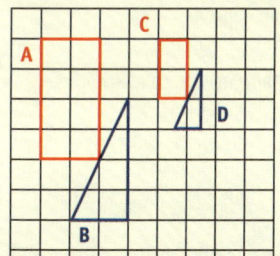 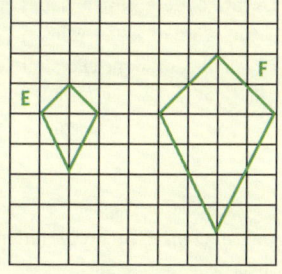

③

1 min	2 min	6 min	10 min	12 min	18 min
0,34 €	0,68 €	2,04 €	3,4 €	4,08 €	6,12 €

Pour 12 min, il faut payer 4,08 €. Pour 18 min, il faut payer 6,12 €. La dépense totale sera donc : 4,08 + 6,12 = 10,20 €.

Raisonner .... p. 52

MATHS

① **a)** La planche de 0,90 m de large sur 1 m de long conviendra pour découper 4 étagères de 26 cm de large et 70 cm de long.

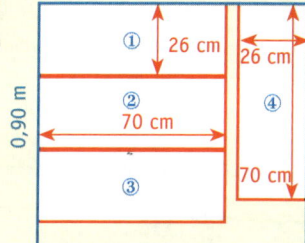

b) 68 × 3 = 204
9 × 5,5 = 49,5
204 + 49,5 = 253,5 cm.
Les livres que Martin veut ranger ont une épaisseur totale de 253,5 cm.
70 × 4 = 280 cm.
La longueur totale des 4 étagères est de 280 cm.
253,5 < 280, donc Martin peut y ranger ses 68 livres et 9 dictionnaires.
c) 280 – 253,5 = 26,5.
Il reste 26,5 cm pour ranger d'autres livres.
26,5 : 2 = 13,25.
d) Martin peut encore ranger 13 livres de 2 cm d'épaisseur sur ses étagères.

② Oui, les deux groupes trouvent la même réponse.
Le premier groupe a procédé par tâtonnements. Ses calculs doivent se lire ainsi :
10 pièces de 5 kwans = 50 kwans
~~10 pièces de 5 kwans = 50 kwans~~ (impossible car on dépasse les 97 kwans)
10 pièces de 2 kwans = 20 kwans
10 pièces de 2 kwans = 20 kwans
1 pièce de 5 kwans = 5 kwans
1 pièce de 2 kwans = 2 kwans
_____
32 pièces   97 kwans
Le second groupe a dessiné les pièces et indiqué au bout de chaque ligne de pièces la somme correspondante. Il suffit donc

CORRIGÉS

de compter le nombre de pièces dessinées (32) et d'additionner les nombres de droite (97) pour vérifier que la réponse est juste.

Solution du problème :
11 × 5 = 55
21 × 2 = 42
11 + 21 = 32
55 + 42 = 97
Il y a 11 pièces de 5 kwans et 21 pièces de 2 kwans dans le jeu.

FRANÇAIS

3

5	secrète pour nos bonbons et autres petits
10	ajoutant ou en retirant parfois quelque chose.
8	attendions tous les cinq que la salle de classe se fut vidée, puis
1	Mes quatre camarades et moi avions découvert une lame de parquet
12	trésors une souris morte. C'était une découverte
7	d'oiseau. Tous les après-midis, une fois la dernière leçon terminée, nous
2	disjointe au fond de la salle de classe et, lorsque nous l'avions
13	excitante. Twaites la saisit par la queue et l'agita devant nos visages.
11	Un jour, ayant soulevé la planche, nous vîmes, gisant parmi nos
9	nous soulevions la lame de plancher pour examiner notre trésor, y
4	Cet endroit, nous décidâmes qu'il nous servirait de cachette
3	soulevée à l'aide d'un canif, nous avions trouvé en dessous un grand espace creux.
6	trésors tels que marrons, cacahuètes et œufs

MATHS

4

	Âge			Ville				
	9 ans	10 ans	11 ans	Paris	Nice	Lille	Nancy	Brest
Léo	V	F	F	V	F	F	F	F
Youssef	F	V	F	F	V	F	F	F
Marie	F	V	F	F	F	F	V	F
Anna	F	F	V	F	F	V	F	F
Paul	F	F	V	F	F	F	F	V

Léo a 9 ans et habite à Paris. Youssef a 10 ans et habite à Nice. Marie a 10 ans et habite à Nancy. Anna a 11 ans et habite à Lille. Paul a 11 ans et habite à Brest.

Énigme

1ʳᵉ hypothèse : tu fais l'hypothèse qu'il y a autant de poules que de vaches, soit 18 têtes de poules, donc 36 pattes ; 18 têtes de vaches, donc 72 pattes. Au total cela fait 108 pattes, ce qui est trop.

2ᵉ hypothèse : 20 poules, donc 40 pattes ; 16 vaches, donc 64 pattes.
Au total 104 pattes, ce qui n'est pas assez.

3ᵉ hypothèse : 21 poules, donc 42 pattes ; 15 vaches, donc 60 pattes.
Au total 36 têtes et 102 pattes, ce qui convient.

Unité 14

Présenter son travail et se corriger .... p. 56

PRÉSENTER SON TRAVAIL

1 Marine : **b**. Camille : **f** et **g**. Clément : **a**, **b** et **c**.

FRANÇAIS

2 Il était une **fois** (expression) / <u>deux</u> ét**aient** (sujet pluriel) / si**m**ple (m devant m, b, p) / <u>tout le monde</u> l'appel**ait** (sujet singulier) / le roi song**ea**it (ge *se prononce [j] devant a, o et u*) / **ses** trois fils (*les siens, ceux du roi*) / un tap**is** (*même famille que* tapisserie, tapissier) / **à** ma suite (préposition) / <u>le roi</u> les conduis**it** (sujet singulier) / <u>trois</u> plume**s** (déterminant pluriel).

MATHS

4

Les opérations	Entoure un résultat approximatif.	Entoure le résultat exact.
4,76 × 2,4	Proche de 10	11,324
864 : 4,5	Proche de 200	192
3 × (5 + 12 + 19)	Proche de 100	108

5 Catalogue « Vacances heureuses »
Il fallait consulter les tarifs du 29/07 au 18/08.
Prix pour un adulte pour 2 semaines : 860 + 620 = 1 480 €.
Prix pour 2 adultes : 1 480 × 2 = 2 960 €.
Prix pour Léo pour 2 semaines : 420 + 250 = 670 €.
Prix total pour la famille : 2 960 + 670 = 3 630 €.

Catalogue « Horizons »
Prix pour un adulte pour 2 semaines : 980 + 730 = 1 710 €.
Prix pour 2 adultes pour 2 semaines : 1 710 × 2 = 3 420 €.
Prix pour Léo pour 2 semaines : 450 €.
Prix total pour la famille : 3 420 + 450 = 3 870 €.
Le catalogue « Horizons » est plus cher de :
3 870 – 3 630 = 240 €.
La famille doit donc choisir le catalogue « Vacances heureuses ».

Crédits photos : p. 15 ph. © Gérard Blot / RMN – p. 18 ph. © Patrick Bretagne – p. 32 ph. © Archives Hatier – p. 34 ph. © Musée Carnavalet / Roger-Viollet – p. 36 ph. © Fernando Botero – p. 44 ph. © IGN/France 2003.

Achevé d'imprimer par Loire Offset Titoulet à Saint-Etienne - France
Dépôt légal : 99587-3/01 - avril 2016